Die quotierte Hälfte

Statt eines Vorworts:
Ein Gesprächsprotokoll von den Herausgeberinnen

Was soll das Buch eigentlich?

— Also das Wichtigste ist mir: das Buch soll Widersprüche enthalten.
— Aber auch Aussagen.
— Klar, widersprüchliche Aussagen.
— Quatsch. Laß uns die Sache mal ernst angehen.
— Nimmst du Frauenpolitik etwa ernst?
— Die Lage ist aber ernst. Eins der schwerwiegendsten Dinge, quasi unsere historische Aufgabe, ist es doch, ob Frauen es schaffen, sich nicht untereinander zu zerfleischen, sondern miteinander Politik zu machen.
— Komisch — genau das haben die Linken vor der Gründung der AL und der GRÜNEN auch gesagt.
— Stimmt trotzdem. Gemeinsam könnten wir stark sein.
— Aber wir schwächen uns gegenseitig.
— Wer wir?
— Na, Feministinnen, Fachfrauen, Frauenfachfrauen, Frauen. Wir müssen die Pseudogegensätze aufheben. Es geht doch erst mal darum, Frauen zu gewinnen, nicht gegen Männer anzukämpfen. Also, darüber müssen wir uns erst mal unterhalten!
— Gut, schon wieder ein Widerspruch.
— Also, ich denke, wir verschrecken viele Frauen durch unseren Feminismus. Das ist dann ein Vorwand für sie, sich nicht an Frauenpolitik zu beteiligen, sich von uns abzugrenzen.
— Und damit hieven wir die gemäßigten Frauen in die Positionen, in die quotierte Macht.
— Genau, weil wir Feministinnen nicht konsensfähig sind, bilden sie den Kompromiß zwischen Feminismus und patriarchaler Realpolitik.
— Wobei manche Patriarchen aber auch Utopien haben.
— Siehste, der nächste Widerspruch.
— Und wo bleiben wir Feministinnen?
— Na, wir springen über die Klinge, verheizte »Märtyrerinnen«, Buh-Frauen.
— Ich sehe schon, mal wieder den langen Atem haben. Na ja, Genies werden immer erst nach ihrem Tod berühmt. Deshalb

müssen wir uns doch mit Magie beschäftigen, mit Re-Inkarnation.

— Stop mal. Ich stelle hier eher die Machtfrage als die Magiefrage.

— Na gut, dann Feministinnen als Müllheizkraftwerk für grün-alternative Politik? Und die Abwärme wird dann ganz grün für die Reala-Frauen genutzt?!

— Wir sorgen sozusagen dafür, daß grüne Politik nicht einfriert.

— Wunderbar. Wir bringen immer wieder neue Ideen ein, die dann quotiert zu Kompromissen verhackstückt, säuberlich durch die Mühle des Parlamentarismus gedreht werden, der Nachwelt zur Erbauung dienen.

— Der Wein ist gut. Schenk noch mal ein.

— Na, das ist doch überhaupt Kennzeichen grüner Politik. Radikale Vorstellungen in die Gesellschaft einbringen. Andere radikalisieren, sich selbst überflüssig machen.

— Oder sich selbst zu mäßigen. Stichwort: politikfähig werden, Verantwortung übernehmen usw.

— Eine feministische gesamtgesellschaftliche Umwälzung werden die Grünen nicht machen können. Und wahrscheinlich auch nicht wollen. Parität ja bitte, aber Macht für Frauen, nein danke, und auf keinen Fall, meine Damen!

— Genau, also ich geb' mir bei den Grünen höchstens noch zwei Jahre.

— Aber dann in den Bundesvorstand gehen, was?

— Gerade deshalb!

— Gut, widersprüchliche Aussagen wollten wir ja.

— Wir müssen unbedingt noch was zu den autonomen Frauen sagen.

— Wieso? Wenn die selbst nichts sagen! Seit wann machen wir denn Stellvertreterinnenpolitik?

— Seit eh und je!

— Also, wo sind sie denn, die autonomen Frauen — autonom freischwebend, wohinschwebend?

— Na hör mal! Die sind doch unsere Hoffnung. Unsere heimliche Basis.

— Aber mal ernsthaft. Viele autonome Frauen sind doch von ihren Projekten absorbiert, von denen wiederum viele zum Selbstzweck verkommen sind. Rackern sich ab in Sachen Sozialpolitik und das politische Engagement ist (meinetwegen zwangsweise) reduziert auf Geldbeschaffung.

— Was mich krank macht und verdammt wütend, sind all die Frauen, die mit Hilfe von neuen, wackligen Zweierkisten partout noch ausprobieren müssen, ob ihre Gebärmutter funktioniert.
— Wo sie doch schon mal eine haben.
— Genau, und bald darauf hecheln sie still von Stillgruppe zu Stillgruppe und ihre Politik, falls überhaupt, besteht noch im Armheben, im Reißverschlußprinzip der Redeliste, versteht sich.
— Vielleicht im Protest, daß die Kinderbetreuung nicht klappt.
— Hör auf, bevor ich Depressionen kriege!! Hatten wir nicht schon mal klar, daß neben der Gewalt unsere Fähigkeit zum Kindergebären *die* Säule unserer Diskriminierung ist?
— Und das sagst du als Mutter, und bist es verdammt gern!
— Ja, ich weiß schon. Widersprüchlich eben.
— Also wie vermehren wir uns?
— Ich denke, wir sollten, statt uns immer auseinanderzusetzen, mal zusammensetzen. Meinetwegen auch bei den vier K's, bei Kaffee, Kuchen, Kerzen und Kindern.
— Schluß mit der Ausgrenzung Feministin oder nicht!
— Meine Liebe, jetzt übertreibst du aber mit den Widersprüchen. Wer hatte denn genau diese Kritik am Frauenvorstand in Bonn, am Frauen-GA (Geschäftsführenden Ausschuß) in Berlin? Von wegen nicht feministisch genug?!
(Ganz kleine Pause)

— Wie viele sind wir denn?
— Ein Drittel der Mitglieder der Grünen und AL sind Frauen, davon sind ein Viertel aktiv, also ein Viertel von einem Drittel. Davon sind 10 % Feministinnen.
— Verstehe, wir sind ein Zehntel, von einem Viertel, von einem Drittel.
— Quotierung der Quotierten.
— Das ist höhere Bruchrechnung. Wir sollten langsam den gemeinsamen Nenner suchen.
— Da hätt' ich was für Sie: Wir Frauen werden mit unseren »weiblichen« Fähigkeiten nur ausgebeutet, unsere Wärme, die »neuen Umgangsformen«, unsere Kreativität. Frauen als Kompromisse, als Vermittlerinnen, zum Ausquatschen.
— Aber ich möchte genauso sein und bleiben: kreativ, warm, vermittelnd, Frau zum Ausquatschen.
— Aber nicht umsonst und zum einseitigen Nutzen!
— Frauen müßte es geben — ohne Männer.

— Das sagst du, mit deinem Freund.
— He, wir sollten auf die Partei zurückkommen.
— Auf welche?
— Na, auf unsere Vaterpartei, unseren parteilichen Patriarchen. Für uns ist doch die grüne Partei das kleinere Übel.
— Obwohl mir dabei oft übel wird.
— Laß mal sehen, wie machen's denn die autonomen Frauen? Wenn die einen Finanzierungsantrag für ein Projekt stellen, dann gehen sie zur SPD genauso wie zu den GRÜNEN. Wir sollten pragmatisch an die Grünen rangehen, nehmen was kommt.
— Und was im Gepäck? Womöglich die SPD? Nicht mit mir!
— Gepäck braucht frau doch nicht allein zu tragen, kann frau zur Not doch auch aufgeben, oder?
— Boh, das schreiben wir besser nicht.
— Warum drumherum reden? Die autonomen Frauen sind doch in Wirklichkeit die Realas. Fischer & Co. freuen sich. Die haben das doch auch schon gemerkt. Außerdem — von Realität haben wir Frauen sowieso die größte Ahnung. Wir wissen doch, was ein Liter Milch kostet, und wie hartnäckig Asthmaanfälle bei Kindern sind, was es heißt, täglich diskriminiert zu werden, seit Jahrhunderten einen Überlebenskampf zu führen.
— Immer nur überleben! Ich will endlich leben.
— Und wir brauchen neue Technologien. Weil diese Schreibmaschine scheußlich ist.
— Sehr witzig. Küß die Hand, gnä' Frau.
— Politik muß Spaß machen, damit Frauen mitmachen, weil sie nämlich schon Überlebenskämpfe genug führen.
— Und stattdessen machen wir uns untereinander ständig an.
— Aber bitte kein »Friede, Freude, Eierkuchen«!
— Nee, aber ab und zu friedlich-freudig miteinander Eierkuchen essen, wär' nicht übel.
— Das ist übrigens enorm wichtig! Das Buch darf nicht trocken sein, es muß Spaß machen beim Lesen.
— Sag ich ja. Schmeiß mal noch 'ne Zigarette rüber und dann machen wir erst mal ein Foto von uns.

Schlußwort von der Tochter: Je höher Mann kommt, desto dümmer wird Mann. Deswegen braucht Mann dann eine Sekretärin!

Elke A. Richardsen

Zwei rechts, zwei links, eine fallenlassen

> *»... Ach, wenn das Herz erst frei ist von den eigenen Interessen, wird es die Pflicht jeder Frau, ihrem armen Geschlechte überall beizustehen gegen unseren Erbfeind, das schlechte Mannsvolk!«*
>
> (Beaumarchais)

Alternativ

> *FIGARO:* *Die Zeit verstreicht, ich bitte*
> *Nur ums dies kleine Händchen,*
> *Nur um dies klei...*
> *SUSANNA:* *(gibt ihm eine Ohrfeige)*
> *Hier ist es schon, mein Herr!*
>
> (Die Hochzeit des Figaro)

Allein die Tatsache, daß ich mich nicht entscheiden konnte, welche dieser beiden Widmungen meinen Beitrag zieren soll, zeigt — gleichsam metapherhaft — den grundsätzlichen Konflikt der Frauen, die in gemischtgeschlechtlichen Gruppen politisch arbeiten wollen.

Es geht um die Entscheidung, ob Frauenpolitik im weitesten Sinne Gleichstellungspolitik ist, in der es, mit Fleiß und List und einem gewissen Maß an Frauensolidarität darum geht, daß »das Weib dem Manne nicht länger untertan sei«, sondern einen gleichberechtigten Platz neben ihm (in seiner Welt) einnehmen darf.

Oder ob den Männern als unterdrückendem Geschlecht und den (unterschiedlich scharfen) Repräsentanten des Patriarchats sporadisch oder gar generell der Kampf angesagt wird, auch mit aggressiven Mitteln.

Bis jetzt gibt es grün-alternative Frauen in beiden Lagern. Und das hat Folgen.

Die grün-alternativen Parteien sind *keine* Frauenpartei, die eine überfällige gesamtgesellschaftliche Umwälzung unter feministischen Vorzeichen zu ihrem Programm erhoben hat. Die

Gleichberechtigungsforderung der Frauen, orientiert an den hart erarbeiteten Forderungen der Frauenbewegung ist — zugegebenermaßen unterstützt durch den sogenannten »Frauenbonus« — nicht mehr und nicht weniger als ein Teilaspekt neben vielen anderen in den politischen Zielen der GRÜNEN. Das haben die Frauenfraktionsaktivistinnen in Berlin deutlich zu spüren bekommen (siehe dazu die Beiträge von S. Fischer und H. May), und das haben die »Frechen Frauen« in Hamburg (s. den Beitrag von A. Goehler) realistischerweise, und wohlwollend auf die Partei bezogen, bereits einkalkuliert.

Feministinnen bei den Grünen sind Alibifrauen und Impulsgeberinnen zugleich. Mann läßt sie machen, als sogenannte authentische Betroffenenvertretung, ähnlich den Behinderten, Ausländern, Schwulen etc.

Frauen sind auch geeignet als Klimaverbesserinnen oder als Notlösungen, wie beim Bonner Feminat, oder zur Präsentation beim Wählerinnenfang. Daß allerdings mit radikalen Feministinnen nicht unbedingt viele (bürgerliche) Wählerinnen zu gewinnen sind, daß vielmehr unter Umständen ein elitärer Abschreckungseffekt erzielt wird (immer mit Blick auf die Prozente), ist auch schon Teil der Überlegungen mancher Grünen, und Teil des von H. May in ihrem Beitrag beschriebenen Antifeminismus.

Bei konkreten Forderungen, sei es betreffs des leidigen Paragraphen 218, sei es bei der Finanzierung einer Frauengruppe auf Kreisverbandsebene (so geschehen in Braunschweig), sei es bei den Anstrengungen einzelner Frauen, in Parteiführungspositionen zu gelangen, oder sei es auch nur in der Absicht auf Mitgliederversammlungen *respektiert* zu Worte zu kommen: bei solcherlei Anliegen bekommen Frauen schnell die Grenzen einer oberflächlichen Frauenfreundlichkeit zu spüren. Die Machtfrage zu stellen heißt, an einem Tabu rütteln. Es zu lassen, heißt politikfähig zu sein. Das haben wir, allerdings von der SPD, und unter anderem Vorzeichen (Stichwort Große Politik) doch schon mal gehört.

Natürlich sind die GRÜNEN, und ist auch die ALTERNATIVE LISTE Berlin eine *Partei*. Trotz großer inhaltlicher und auch formaler Unterschiede zu den »Etablierten« ist auch die grün-alternative Wahlbewegung Teil unserer politisch-parlamentarischen Gesellschaftsordnung und damit Teil des Patriarchats.

Ob sie auch Hoffnungsträgerin der Frauenbewegung im weitesten Sinne ist, oder überhaupt sein kann — diese Frage ist derzeit noch nicht endgültig beantwortet. Es bewegt sich noch etwas, Hoffnungen und Enttäuschungen wechseln sich ab. Eine gründliche Desillusionierung, die Grünen seien keine »richtige« Partei, oder gar der feministische Himmel auf Erden, hat jedoch allerorten stattgefunden.

Daß sich eine Partei — trotz hehrer Ziele — als Partei entpuppt, ist weder unnatürlich, noch sollten die engagierten Frauen zukünftig viel Kraft und Energie darin investieren, diese Enwicklung aufhalten zu wollen. Sie sollten vielmehr jede für sich oder gemeinsam in politisch arbeitenden Gruppen die Entscheidung für oder gegen Parteienarbeit treffen, und zwar mit allen ihren Grenzen und Möglichkeiten. Und beides gibt es in Fülle.

Davon berichten in diesem Buch — jeweils eingebunden in ihre konkreten politischen Zusammenhänge — verschiedene Frauen quer durch das Bundesgebiet und quer durch alle politischen Ebenen, wie Kommunal-, Landes- und Bundespolitik. In

»'Politik ist Männersache' —
Würden Sie dem zustimmen oder nicht zustimmen?«

fragte Allensbach in einer Repräsentativumfrage im November 1984. 14 % der befragten Frauen, 24 % der Männer stimmten diesem Schwachsinn zu, immerhin im Gegensatz zu einer entsprechenden Befragung von 1966, wo noch 32 % der Frauen und 44 % der Männer dieser Meinung waren.

Ein Grund zum Jubeln oder zu gemäßigtem Optimismus? Eine Aufschlüsselung nach Parteipräferenz ergab, daß 10 % der Grünen-Anhänger sich ebenfalls von dieser Auffassung nicht trennen mögen, im deutlichen Gegensatz zu den weiblichen Grünenanhängerinnen, die einstimmig dieses Vorurteil von sich wiesen.

Eingedenk der Tatsache, daß »Frauen in der Politik« noch (lange) nicht heißt, daß Frauen auch in wichtigen Gremien oder gar Führungspositionen vertreten sind, ergibt sich eine Parallele zum Berufsleben: wir Frauen sind zwar unverzichtbarer Bestandteil der Parteien (des Wirtschaftslebens), jedoch als Putzfrauen, Sekretärinnen, Sozialarbeiterinnen sowie einzelnen Alibifrauen.

den grün-alternativen Parteien gibt es zudem außerhalb der Parlamentsvertretungen eine Organisationsstruktur, die vielfältige Möglichkeiten zur Mitarbeit bzw. für Mandatsübernahmen bietet. Neben dem Bundes- und den Landesvorständen stellt der Bundeshauptausschuß (BHA) das höchste beschlußfassende Organ zwischen den Parteitagen dar und ist mit Delegierten/-innen aus allen Bundesländern besetzt. Zu Fachthemen gibt es Landes- und Bundesarbeitsgemeinschaften (LAGs und BAGs). Inzwischen gibt es in jedem Bundesland eine LANDESFRAUEN-AG, in den Stadtstaaten FRAUENBEREICH genannt. Die BUNDESFRAUEN-AG besteht seit 1983. Hier treffen sich im regelmäßigen 4- bis 6-Wochenturnus

»Premiere« der Bundesfrauen-AG der GRÜNEN 1983

ca. 30 grüne und sympathisierende Frauen aus dem Bundesgebiet, sowie Frauen aus dem ARBEITSKREIS FRAUENPOLITIK der Grünen Fraktion im Bundestag.

Frau kann sich also engagieren und womöglich sogar profilieren. Was das innerhalb eines überschaubaren — jedoch beileibe nicht kontrollierbaren — Parteiapparates konkret bedeutet, das in Auszügen und Einzelbeiträgen (und durchaus parteilich) zu schildern, und Anstöße für weitere Diskussionen und Entwicklungen zu geben, ist die Absicht dieses Buches. Wir können neben bedeutsamen, persönlich unterschiedlichen Erfahrungen und Einschätzungen erstaunliche Parallelen und vor allem Parallelentwicklungen feststellen, die in ihrer Gesamtheit wenig erfreulich sind — mit unterschiedlichem Optimismus freilich — und im wesentlichen auf zwei Problemfelder hinauslaufen.

Da ist zum einen eine veränderte politische Landschaft der berüchtigten »Wende«, deren Beschreibung über ihre frauenpolitischen Folgen, sprich einschneidenden Verschlechterungen, ich mir an dieser Stelle erspare und als bekannt voraussetze. Allerdings ist diese Wende nicht nur eine von Bonn verordnete, sondern kommt den veränderten Interessen vieler Frauen entgegen, was zu einer Reduzierung der Frauenbewegung auf den »harten Kern« geführt hat. Dieser Prozeß der erzwungenen und freiwilligen Entpolitisierung und der, insbesondere bei Frauen zunehmenden Rückbesinnung auf Mütterlichkeit, Mythen und Zweierkisten, trägt in entscheidender Weise zur Schwächung aller politisch aktiven Frauen, nicht nur bei den Grünen, bei. Wie stabil das gegenwärtige Interesse mancher Gewerkschafts-, Kirchen oder Etabliertenparteifrauen an Frauenthemen und Frauenbeteiligung ist, wird sich zeigen.

Zum anderen nehmen einen großen Teil diese Buches, — und damit symptomatisch auch der Kraft und der Energie der aktiven Frauen — die parteiinternen Schwierigkeiten und Kämpfe ein, die den Frauen zumindest immer eine Doppelarbeit abverlangen: in den Parteiorganen und, zur Vorbereitung und Unterstützung, in den diversen Frauenarbeitsgruppen. Diese erweisen sich zunehmend als unverzichtbar, um der Vereinzelung, Verleumdung, der unverhohlenen Ignoranz durch männliche Parteimitglieder bedingt entgegenwirken zu können.

Gleichzeitig verändern sich auch die grünen Frauen, ihre Inhalte und ihre Strategien. Das geschieht durch Austritte von radikalen Feministinnen aus der Partei und Neumitgliedschaften gemäßigterer Frauen einerseits, aber auch durch Verschleiß, Resignation oder Hinwendung zum Machbaren, also der Politik der kleinen Schritte andererseits. Das ist in sich logisch und deren Gesetzmäßigkiet ist ein Hauptgrund, warum sich beispielsweise in der Diskussion um einen organisierten Dachverband (Weiberräte) viele autonome Frauen-Projekte gesperrt haben.

Die grünen Frauen wollen endlich »Politik machen«, sie sind des innerparteilichen Kampfes um Strukturen und Machtbeteiligung müde. Sie fühlen sich zunehmend von einer frauenfeindlichen, ihre Ideen und Ansprüche mit Füßen tretenden CDU-Politik bedroht. Dem wollen sie grün-pragmatische Inhalte entgegensetzen.

Daß sie damit — aus Panik sozusagen — männliche Politikformen, wie Trennung von Inhalt und Strategie, sowie die Trennung von Privatem und Politischem erneut kopieren, ängstigt die Frauen derzeit weniger. Der Ansatz der Frauenbewegung zu ganzheitlicher Politik und zum Stellen der Machtfrage mit dem Ziel der Abschaffung des Patriarchats geht damit zusehends den Bach runter. Diese Entwicklung hat (wohl zufällig) in Hessen begonnen und führt immer mehr zu der Teilnahme von feministischen grünen Frauen an dem Scheinkonflikt Fundamentalismus contra Realpolitik. Es kann für eine Feministin doch keine Frage sein, daß diese Gesellschaft nicht nur durch gleichberechtigte Partizipation von Frauen verbesserungsfähig ist (siehe A. Goehler: »... weil 50 % Männer immer mehr als 50 % Einflußnahme bedeuten«), sondern *fundamental* veränderungsbedürftig, da sie in allen Grundzügen auf der Unterdrückung der Frauen durch die Vorherrschaft des männlichen Geschlechts aufbaut und dadurch gestaltet ist.

Gleichzeitig kann doch keine Frau im Ernst etwas gegen sofortige *realpolitische* Verbesserungen haben, beispielsweise bei den Ausbildungschancen und dem Zugang zu qualifizierten Berufen oder bei dem unverändert großen Problem der Gewalt gegen Frauen.

Warum sollte ein Widerspruch bestehen zwischen politischen Zielen, die sich gegenseitig bedingen und ergänzen? Der sogenannten Staatsfrage muß sich die autonome Frauenbewegung jedoch stellen, sie ist seit jeher, und aktuell in erhöhtem Maße, heftig umstritten. Die grünen Frauen jedenfalls haben sich durch ihre Mitgliedschaft in einer parlamentarischen Partei bereits entschieden, auch wenn es einige gelegentlich nicht wahrhaben wollen.

Die grünen Frauen werden auch deshalb mit ihrem neuen Schwerpunkt auf »Inhaltsbeschwörung« anstelle von »Durchsetzungsstrategien« scheitern, weil nicht nur genügend frauenpolitische Inhalte längst vorhanden sind — von Tausenden von Frauen in den letzten Jahren erarbeitet, auf die sie getrost zurückgreifen könnten —, sondern weil sie auch bald spüren werden, wie sehr die Inhalte *doch* an die Strukturen gebunden sind. Dann nämlich, wenn sie bereits innerhalb der GRÜNEN mit ihren Vorschlägen abgebügelt werden, und zwar längst bevor sie in den gesellschaftlichen Gegebenheiten und Parlamenten mit den bekannten Mehrheiten verloren gehen.

Eine Flucht vor den Auseinandersetzungen in den eigenen Reihen wird also nur gelingen unter Aufgabe feministischer Politikansprüche. Statt dessen sollte (heftigst) weiter diskutiert werden, wie feministische Politik aussehen kann und soll: ob sie sich auf »traditionelle« Frauenfragen wie Gewalt, Erwerbslosigkeit, Familienpolitik etc. reduziert, oder ob sie gezielt in alle Politikfelder eingreift, eingreifen kann; auf frauenspezifische Weise.

Es ist oft argumentiert worden, daß die mühselige Suche nach frauenpolitischen Aspekten z.B. in der Wohnungspolitik, der Umweltbedrohung oder der Friedenssicherung eine Künstlichkeit darstelle, die all diese Themen nur unzureichend und einseitig bearbeite. Eine Welt, die nicht von einem Männlichkeitsbild geprägt ist, das sowohl die Inhalte als auch die Strukturen vorgibt, das in sich völlig neu und weiblich entwickelt wird, scheint schwer vorstellbar. Feministische Politik ist auch durchaus nicht nur eine Frage der Kultur, wie die FRECHEN FRAUEN in Hamburg meinen, ebensowenig wie »Frausein ein Programm« ist. Weiblichkeit allerdings ist eine Voraussetzung. Es ist eine geradezu infame Forderung, dem weiblichen Geschlecht nach Jahrtausenden der Unterdrückung einen alle Details ausfüllenden Gesellschaftsvorschlag abzuverlangen, quasi als Vorausleistung, als Legitimation ihrer umgreifenden Veränderungswünsche. Die Männer möchten, bevor sie einsteigen, gern genau wissen, wie und wohin die Reise geht, wenn Frauen am Ruder sitzen. Als ob sie uns jemals gefragt hätten!

Jedoch, wen wundert's? Wie kann erwartet werden, daß Männer freiwillig am Abbau ihrer Vorrechte, ihres Weltbildes beteiligt sind? Wir Frauen werden überall — nicht nur bei den GRÜNEN — immer genauso viel Freiheiten und Rechte erhalten, wie wir mit Nachdruck und ohne Ausfluchtmöglichkeiten, zu fordern in der Lage sind. Mitleid und guter Wille der Männer zaubert uns kein Brot auf den Tisch, beschert uns keinen qualifizierten Arbeitsplatz und schützt uns keineswegs vor Vergewaltigung. Erst die Penetrationsverweigerung zwingt Männer zu Verhütungsmaßnahmen. Das sollten wir endlich begreifen!

Das heißt im Klartext, daß eine Frau, die sich im Laufe ihrer politischen Entwicklung entschieden hat, daß ihr (über die Parteigrenzen hinaus) politisches Ziel eine Gesellschaft ist, die ohne Unterdrückung, Herrschaft und Gewalt funktioniert und daß diese Zukunft weiblich sein wird, zuviel Energie bei den Grünen verschwendet. Sie kann sich jedoch entschließen, bei den GRÜNEN — als dem kleinsten Übel — durch Persönlichkeit, Fleiß und ein wenig Intrigantentum politische Karriere zu machen, um sodann mit Hilfe ihres Namens klare feministische Positionen zu vertreten. Aber wie gesagt, nicht zu früh!

In diesem Sinne ist es auch richtig, daß Frauen sich überall und jederzeit einmischen, auf der Straße, am Arbeitsplatz und natürlich auch in den Parteien. Diese Einmischung kann Teil einer feministischen Strategie sein, die auf allen Ebenen kämpft — bevorzugt natürlich in den oberen Etagen —, Klugheit und psychische Stärke verlangt, aber auch entwickelt, und vor allem auf breite Solidarität angewiesen ist. Und da genau sitzen Parteifrauen — insbesondere in den grün-alternativen Parteien — zwischen diversen Stühlen und oft genug auf verlorenem Posten.

Politik wird — Basisdemokratie hin, Rotation her — über Personen gemacht. Sie sind die Vertreterinnen (oder Vertreter) von Positionen, Inhalten und Strömungen. Die sogenannte Basis ist eine dumpfe Masse, die sich in ihrer Manipulierbarkeit weniger von der allgemeinen Bevölkerung unterscheidet als oft vermutet. Der Unterschied der GRÜNEN zu den etablierten Parteien liegt hauptsächlich darin, daß »führende« Persönlichkeiten stärker auf eine Basisgruppe als Rückhalt angewiesen sind, um weiterhin »führen« zu können, und darüberhinaus in einem durchaus ambivalenten Mißtrauen gegenüber »Promis«.

Allerdings können auch, wie überall, im Hintergrund viele Fäden gezogen werden.

Es geht um Macht und Machtpolitik. Und ebenso wie Männer unentwegt nach Macht streben (obwohl sie sie angeblich ablehnen), ebenso fürchten wir Frauen uns davor, sie zu übernehmen (weil wie sie wirklich ablehnen).

»Vor kurzem wurde ich gefragt, warum so viele Frauen Angst vor der Macht haben. Ob das damit zusammenhinge, daß Frauen größere Angst vor dem Verlust der Zuwendung ihrer Mitmenschen hätten als davor, unterdrückt zu werden. In dieser Frage war die Antwort bereits enthalten: Wer als Frau Macht hat, muß mit Liebesverlust rechnen.

Eine solche Frau ist oft nicht nur dem Haß der Männer, sondern auch dem der Frauen, die sich machtlos fühlen, ausgesetzt.«

(Margarete Mitscherlich-Nielsen, Die friedfertige Frau)

Immer mehr Frauen, und überall, müssen sich zu ihren Machtbedürfnissen bekennen bzw. solche entwickeln. Solange wir die Macht fürchten, fürchten wir die Mächtigen. Und sind ihnen ausgeliefert!

»Wer sich als Frau dazu entschließt, seine Fähigkeiten offen zu nutzen, selbstständig Entscheidung zu fällen, für Verhaltensänderungen bei sich und anderen zu kämpfen, seine Angst vor notwendigen Aggressionen zu überwinden, muß seine masochistische Unschulds- und Vorwurfshaltung aufgeben. Ich weiß, wie schwer das ist, aber ohne kritisches und selbstkritisches Aufbegehren gerade der Frauen kann und wird sich in dieser Gesellschaft nichts ändern.«

(Mitscherlich-Nielsen, ebenda)

Eine Partei, die konsequente Feministinnen nicht nach Kräften fördert und sie bei ihren Versuchen auf eine wesentliche politische Einflußnahme nicht unterstützt, sie im Gegenteil immer wieder als störend diffamiert und auszugrenzen versucht, eine solche Partei will keine wirkliche Gesellschaftsveränderung.

Jedenfalls nicht, wenn es an Privilegien und ans liebgewonnene Eingemachte geht.

Und darin sind Feministinnen Expertinnen.

Brigitte Stumm/Rita Werkmeister*

Hessische Frauen vorn?

Hessen vorn! — so überzeugt und selbstbewußt gibt sich die SPD in Hessen. Auch uns schien dieser bekannte Wahlkampfslogan der SPD — in leichter Abwandlung — als passende Überschrift für unseren Artikel, weil hessische grüne Frauenpolitik ohne die rot-grüne Zusammenarbeit zumeist gar nicht gedacht wird. In der Öffentlichkeit wird häufig das hessische Aktionsprogramm für Frauen gleichgesetzt mit hessischer grüner Frauenpolitik. Die Gründe dafür liegen erstens in der parlamentarischen Fixierung der (hessischen) GRÜNEN, und zweitens darin, daß es der landesweiten grünen Frauengruppe gelungen ist, 8 Millionen DM für Frauenforderungen aus dem Landeshaushalt (Gesamthöhe ca. 21 Mrd. DM) locker zu machen.

Nun fürchten in Hessen schon sehr viele Menschen, daß wir GRÜNEN ohne die Zusammenarbeit mit der SPD ins bodenlose Nichts fallen, und es ist bei mir auch nicht so, daß ich Geld nicht für wichtig halte. Jedoch will ich zunächst in der Darstellung hessischer grüner Frauenpolitik mit den weniger beachteten innerparteilichen Auseinandersetzungen um den § 218 und das Paritätsstatut beginnen.

§ 218

In Anbetracht der einsetzenden Angriffe auf die Fristenregelung und wegen des zu erstellenden Europawahlprogramms der GRÜNEN entschloß sich die landesweite grüne Frauengruppe (sie besteht aus autonomen und grünen Frauen), innerparteilich die Diskussion um den § 218 wiederaufzunehmen. Im hessischen Landesprogramm der GRÜNEN findet sich unter dem Thema »Frauen — Schwangerschaft« die Formulierung, daß bei der Frage des Schwangerschaftsabbruchs zwei wesentliche Ziele der GRÜNEN miteinander in Widerspruch geraten. Was sich da angeblich so heftig in der grünen programmatischen

* *Der erste Teil des Artikels stammt von Brigitte Stumm, der zweite (»Arbeitsplatz quotiert«) von Rita Werkmeister.*

Seele austobt, ist einerseits der Schutz des Lebens und andererseits das Selbstbestimmungsrecht der Frau. Diese Widersprüchlichkeit hat die grünen Frauen herausgefordert, gerade vor dem Hintergrund der CDU-Mutterideologie-Politik, der Geisslerschen Verschärfungsversuche und der zunehmenden Angriffe auf die PROFAMILIA-Stellen, die Grüne Partei zu einer eindeutigeren Stellungnahme zu bringen. Dabei stand m.E. die Frage auf dem Spiel, welche Möglichkeiten eigentlich die Partei als Agitationsfeld für Frauenbewegungsforderungen bietet. Können wir z.B. die sonst nur im privaten Raum ver-

Grüne Landesversammlung in Lich

Eigentlich Frauenfreunde

Weniger populär als die Diskussion über das rot-grüne Bündnis war der erste Teil der Landesversammlung, der zum wiederholten Male in fünf Jahren die Festschreibung eines Frauenstatus im grünen Parteiprogramm versuchte — und wiederum scheiterte. Autonome und grüne Frauen hatten eine Präambel formuliert, die einigen Frauen und vor allem den männlichen Gegenrednern zu weit ging. Sie stießen sich insbesondere am Punkt 4 des Antrags, in dem festgelegt werden sollte, daß Frauen, „wenn das Selbstbestimmungsrecht der Frau tangiert wird", auf Antrag getrennt abstimmen können: „Das Abstimmungsergebnis der Frauen ist bindend." Auch der Wunsch nach paritätischer Besetzung der Redelisten fand nur bedingt Zustimmung. Männliche Grüne warfen den Frauen vor, sie wollten einen „bürokratischen Feminismus" durchsetzen.

„Wir wollen", hielt eine Rednerin dem entgegen, „den gesellschaftlichen Mangel durch strukturelle Maßnahmen ausgleichen." Die Frauen sahen sich in Lich mit einem größeren Maß an Abwehr konfrontiert als seit langem bei den Grünen. Zwischenrufe, Desinteresse und unverhohlene Aggression prägten die Diskussion. Männliche Sätze wie „Es mag ja spezielle Frauenprobleme geben ..." und „Ich bin ja eigentlich kein Frauenfeind ..." dokumentierten weitreichendes Unverständnis. Daß die Frauen mit ihrem Punkt 4 die Machtfrage stellen wollten, veranlaßte einige Männer dazu, eine bis jetzt auch bei den Grünen nicht vorhandene „Partnerschaft" der Geschlechter zu beschwören.

Kaum besser erging es einem Antrag, der die Neuformulierung der grünen Position zum Paragraphen 218 erreichen sollte. Er wurde zwar angenommen, steht jetzt aber gemeinsam mit den bisher im Parteiprogramm enthaltenen Formulierungen, die nicht gestrichen wurden. Sie enthalten noch immer ein verquastes Bekenntnis „zum Leben", Weiterentwicklung, mit dem der Menschheit „eine glückliche Zukunft" gesichert werden soll. Das Gebären von Kindern wird dort als „gesamtgesellschaftliche Verantwortung" definiert. Solchen globalphilosophischen Überlegungen sollten die Frauen nicht folgen. Kinderkriegen oder nicht sei ausschließlich ihre eigene Angelegenheit. „Wir fordern aktiv den Teil an Macht zurück, den uns die Männer historisch genommem haben", sagte eine Rednerin und handelte sich damit Buhrufe und Gelächter ein.

Zustimmung fand ein Mann, der eine Kleinigkeit in dem 218-Antrag geändert haben wollte. „Eine ungewollte Schwangerschaft ist auch Ausdruck herrschender Sexualpraktiken und der bestehenden Misere gesellschaftlicher Nichtverantwortung der Männer für die Verhütung", hatten die Frauen formuliert. Das sei, sagte er, „eindeutig männerfeindlich". Er sei schließlich nicht so. Nicht „der Männer", sondern „vieler Männer" müsse es heißen.

Gestern mittag diskutierte die Versammlung ausführlich darüber, ob der Mitgliederbeitrag erhöht werden soll. Die ebenfalls angesetzte Neuwahl des Landesvorstandes stand bei Redaktionsschluß noch aus.

hei

(Aus einem Artikel der »taz« vom 3. Dezember 1984)

handelten Fragen um Sexualität und Verhütung ein Stück weit öffentlich machen? Wir haben versucht, die grüne Partei als Öffentlichkeit zu nutzen und zu sehen, welche Forderungen der Frauenbewegung in der Partei wirklich verankert sind.

Wie breit innerhalb der einzelnen Kreisverbände der § 218 diskutiert wurde, ist mir nicht bekannt. Bekannt ist allerdings von einem Kreisverband, daß in den grünen Herzen wahre Mördergruben beheimatet sind. Einige waren aufgrund ihrer ethischen Vorstellungen zu keiner Meinungsänderung bereit, andere bejammerten den »schönen Kompromiß« des Landesprogramms. Sie wollten es am liebsten gar nicht diskutiert haben, weil doch gerade Gras in der Partei über diesen Streit gewachsen sei und die Ruhe nicht erneut gestört werden solle. An diesem Bereich zu rütteln, die Bettdecke ein wenig zu lupfen, sogar noch Verhütungsfragen öffentlich anzusprechen, das setzt Abwehrreaktionen und Verdächtigungen (Frauen wollten wohl noch im 9. Monat abtreiben) in Gang.

Auf Landesebene ergab sich als Resultat, daß die Neuformulierung der Forderungen (explizit: Streichung des § 218, Männer überdenken ihre Rolle bei der Entstehung ungewollter Schwangerschaften und ziehen daraus Konsequenzen, Entwicklung schonender Abtreibungsmethoden u.a.m.) von der landesweiten Frauengruppe übernommen wurde. Unser Begründungszusammenhang — Selbstbestimmungsrecht der Frauen — wurde allerdings nur als eine weitere Möglichkeit von Begründungen in das Landesprogramm eingefügt. Dort findet sich nunmehr ein Sammelsurium von Begründungen, bei dem sich hoffentlich jede/r wiederfinden kann.

Dieser Zustand zeigt aber auch, daß die Frauenbewegungsforderung nach dem Selbstbestimmungsrecht der Frauen in den GRÜNEN Hessen nicht allgemein getragen wird.

Paritätsstatut

Ein weiterer Arbeitsschwerpunkt der landesweiten Frauen-AG war die Erstellung eines Paritätsstatuts. Die Borkener Landesmitgliederversammlung im Frühjahr 1984 hatte sich verschiedene Frauenthemen als Schwerpunkt gesetzt. Diskutiert wurde — unter geringer Beteiligung der Mitglieder/innen — über die Punkte Gewalt gegen Frauen, Erwerbsarbeit, § 218 und über die Paritätsforderung in den Gremien und auf Landeslisten.

Die Borkener Landesmitgliederversammlung erteilte den Auftrag, daß die landesweite Frauengruppe ein Paritätsstatut bis zum Herbst 1984 erarbeiten sollte.

Zu dieser Borkener Versammlung hatten jedoch die Frankfurter Frauen bereits einen vorgefertigten Antrag auf Parität in Landesgremien mitgebracht. Ohne lange Diskussion wurde diesem Auftrag zugestimmt. Er sollte in das umfassendere Paritätsstatut eingearbeitet werden.

Das Paritätsstatut sollte in Anerkennung der Situation von Frauen in der grünen Partei (30 % Frauen, 70 % Männer) einen Weg beschreiben, der eine Veränderung der strukturellen Bedingungen, unter denen Frauen Politik machen müssen, bewirkt. Die Frauen hatten sich zur Abhilfe der beschriebenen Situation folgende Konstruktion ausgedacht. Sie wollten, daß bei Selbstbestimmungsfragen die Frauen einen Antrag stellen können, und daß nur die Frauen aus der Partei bindend über Selbstbestimmungsfragen abstimmen können. Das hieß, daß bei Selbstbestimmungsfragen, die die Frauen betreffen, die zahlenmäßige Minderheit von Frauen aus politischer Einsicht der Gesamtpartei zu einer »Mehrheit« werden würden. Das hieß auch, daß die Männer freiwillig auf ein Stück Macht verzichtet hätten!

Damit die Frauengruppe auf Landesebene dieses Instrument nicht mißbräuchlich einsetzen würde, war unter allen grünen Frauen eine Vorabstimmung nötig, in der sie jeweils entschieden hätten, ob ihr Selbstbestimmungsrecht betroffen ist oder nicht. Die landesweite Frauengruppe hätte also eine sehr wirksame Kontrolle ihrer »hochfliegenden Pläne« durch die nichtfrauenbewegten Frauen der GRÜNEN gehabt. Außerdem wäre bei diesen Abstimmungen auch sichtbar geworden, ob der stets von Frauen der landesweiten AG behauptete Interessenunterschied zwischen Männern und Frauen überhaupt existiert.

In den Diskussionen über dieses Paritätsstatut hat es sehr unterschiedliche Meinungen zu dieser Konstruktion gegeben. Können sich Frauen bei der Beanspruchung innerparteilicher Macht so weit aus dem Fenster lehnen, daß sich ihre zahlenmäßige Minderheitsposition in eine Mehrheit verwandeln würde? Wenn wir es überhaupt tun, ist das dann nicht undemokratisches Verhalten? Außerdem könnten sich die Strömungen in den GRÜNEN dieses Statuts bemächtigen und Frauen vor ihren Karren spannen. Das interessanteste und schwerwiegendste Argument kam allerdings von grünen, nicht-frauenbewegten

Frauen. Sie wollten sich von uns nicht den Geschlechterkonflikt verschreiben lassen. Sie fühlten sich diskriminiert, falls die Positionen in Landesgremien und -listen nach Geschlechtszugehörigkeit besetzt werden. Sie wollten nicht wegen ihres Frauseins, sondern wegen ihrer Leistung gewählt werden.

Ist es etwa der mangelnden Leistung von Frauen zuzuschreiben, daß sie sich nur durch Fehlen auf den höherrangigen Positionen in der Wirtschaft, im Staat auszeichnen? Ich war über dieses Argument (Leistung) nicht erstaunt, weil der Leistungsgedanke gesellschaftlich breit verankert ist und zumeist nicht reflektiert wird. Jede Angestellte glaubt, sie würde nach Leistung bezahlt. Die landesweite Frauengruppe konnte in ihrer Argumentation nicht genügend vermitteln, daß Frauen als soziale Gruppe zu begreifen sind, die aufgrund der geschlechtsspezifischen Sozialisation und Arbeitsteilung in den öffentlichen Parteigremien nicht auftauchen.

So scheiterten wir, nicht zuletzt an den Frauen aus der grünen Partei. Mir wurde daran klar, daß wir unsere Politik den grünen Parteifrauen wesentlich stärker vermitteln müssen. Es ist deshalb notwendig, das Statut weiter zu diskutieren und herauszufinden, welche Vorbehalte fortexistieren.

Aktionsprogramm

Nun zu dem Teil hessischer Frauenpolitik, der unter dem Namen »Aktionsprogramm für Frauen« bekannt geworden ist. Grüne und autonome Frauen hatten dieses Programm erarbeitet und in den Verhandlungen mit der SPD ausgehandelt.

Gefördert werden, haushaltsmäßig abgesichert, vom hessischen Sozialministerium:

— die Einrichtung und Ausstattung von Frauenhäusern
— Notrufgruppen
— Bildungsprojekte im außerinstitutionellen Bildungsbereich sowie in sozialen Brennpunkten
— die Errichtung von vier Beratungsstellen für arbeitslose Mädchen
— Initiativen von ausländischen Frauen und Frauen in binationalen Ehen
— die Unterstützung von Frauengesundheitsinitiativen und autonomen § 218-Beratungsgruppen, Einrichtung eines Familienplanungszentrums in Kassel, plus weitere Familienpla-

nungszentren, wenn die Trägerschaft klar ist, zusätzliche Gelder für PRO FAMILIA
— Untersuchung zur Erschließung neuer Berufsfelder für Frauen.

Das hessische Kultusministerium fördert:
— eine Untersuchung zur Verbesserung der Chancengleichheit von Mädchen in der Schule
— Einrichtung einer Professur für Frauenforschung an der Uni Frankfurt
— Frauenforschung (Lehraufträge und Forschungsvorhaben).

Vom Ministerium für Wirtschaft und Technik werden gefördert:
— Initiativen und Projekte zur Berufsförderung, sowie zum beruflichen (Wieder-)Einstieg von Frauen.

Zusätzlich sind Gelder für die Ausweitung und Stärkung der Zentralstelle für Frauenfragen bereit gestellt worden, d.h. eine Studie zur Situation von Mädchen in Bereichen der Jungendarbeit und die Durchführung von zwei Seminaren für Erzieherinnen.

Neben diesen finanziellen Forderungen beinhaltete das Aktionsprogramm noch die nunmehr umgesetzte Forderung nach einem Sonderausschuß im hessischen Landtag zur »Arbeitssituation von Frauen in Hessen«, außerdem Einzelmaßnahmen zur Verbesserung der Situation von Frauen im öffentlichen Dienst (Frauenförderpläne, Verbot der geschlechtsspezifischen Stellenausschreibung, Prüfung der rechtlichen Situation zu Quotierungsforderungen von Arbeitsplätzen). Weiterhin wurde in den Verhandlungen mit der SPD verabredet, bei allen öffentlichen Ausbildungsplatzprogrammen Mädchen besonders zu berücksichtigen, mit dem Ziel der Aufhebung der geschlechtsspezifisch festgelegten Berufswahl. Ferner wurde Einigung erzielt, verstärkt das Erziehungsziel Gleichberechtigung zu berücksichtigen, die Abschaffung sprachlicher Diskriminierungen von Frauen im Schriftgebrauch des Landes anzugehen und die Ausarbeitung rollenunabhängiger Schulbücher voranzutreiben. Die SPD-Regierung wollte darauf achten, daß Wirtschaftsförderungsmittel vorrangig zur Behebung von Frauenerwerbslosigkeit verwandt würden, und sich durch Bundesratsinitiativen dafür einzusetzen, die Verbesserung der Situation von Frauen allgemein zu fördern.

Eine gemeinsame Einschätzung über den Umsetzungserfolg dieses Programms wurde bisher in der landesweiten grünen

Frauengruppe noch nicht vorgenommen. Dennoch will ich dies im folgenden aus meiner Sicht versuchen.

Umsetzbar waren die finanziellen Forderungen, wie sich durch den Haushalt bestätigen läßt. Auf Schwierigkeiten bei den Einzelumsetzungen gehe ich hier nicht ein. Damit konnte zu dem vorherigen Zustand hessischer Frauenpolitik der SPD (das hieß lediglich die Einrichtung einer Zentralstelle für Frauenfragen) ein bestimmtes Volumen an Geld hauptsächlich für autonome Frauenforderungen bereit gestellt werden. Damit kann die Arbeit in den Projekten weitergeführt und ausgebaut werden.

Aber es gibt noch die nicht-finanziellen Forderungen des Aktionsprogramms. Wir hatten sie zum großen Teil aus dem AsF-Programm der sozialdemokratischen Frauen übernommen. Frauenförderpläne und Quotierungsforderungen für Frauen im öffentlichen Dienst werden höchstens noch im »Sonderausschuß zur Arbeitssituation von Frauen in Hessen« diskutiert. Was fehlt, ist die breite öffentliche Diskussion über diese Themen, die erst die Kraft ausmacht, diese Themen parlamentarisch auch umsetzen zu können. Wird dieses Thema nicht in die Öffentlichkeit getragen, so tritt die paradoxe Situation ein, daß die grünen Frauen selbst bei Übernahme von AsF-Forderungen (d.h. SPD-Forderungen) sogar mit einer SPD-geführten Landesregierung nicht fähig sein werden, die von AsF-Frauen und grünen Frauen für richtig erachtete Politik verwirklichen zu können. Damit ändern wir an der Lebenssituation der hessischen Frauen wenig. Wenn wir das wollen, können wir nicht nur gebannt auf das Parlament starren und auf die große Veränderung von oben hoffen.

Es ist nicht so, daß ich das Geld für die autonomen Projekte nicht für wichtig halte. Es sind berechtigte Forderungen, die umgesetzt werden sollen. Aber ich denke, wenn es die grünen Frauen nicht schaffen, sich durch innerparteiliche Diskussionen und in der Öffentlichkeit ein stärkeres Gewicht zu verschaffen, dann werden wir innerhalb der grünen Partei in nicht allzulanger Zeit einen ähnlichen Stellenwert haben wie die AsF-Frauen in der SPD. Viele Forderungen, viel Programm und keine politische Durchsetzungskraft! In 50 Jahren wird unseren Töchtern erzählt werden (wenn sie trotz chemischer Vergiftung und Atom-(kriegs-)verseuchung überhaupt noch leben), daß die GRÜNEN zwar als eine ihrer Ursprungsbewegungen die Frauenbewegung hatten, aber leider hätten die Forderungen der Frauen nach Aufhebung der geschlechtsspezifischen Arbeitsteilung parlamentarisch noch nicht durchgesetzt werden können...

Arbeitsplatz quotiert

In diesem Teil des Artikels denke und spekuliere ich über zukünftige hessische grüne Frauenpolitik und die Konflikte, die entweder schon vorhanden sind oder demnächst auf uns Frauen zukommen.

Zunächst geht es mir um die Frage, welche politischen Forderungen sollen/wollen Frauen an wen stellen und welche Frauen sollen/wollen diese Forderungen umsetzen?

Bei meinem Nachdenken über die Diskriminierung und politische Machtlosigkeit der Frauen komme ich, wie ich es auch drehe und wende, zu der Feststellung, daß Frauen immer noch und in großer Zahl zur Verwirklichung ihrer Lebensvorstellungen, Hoffnungen und Wünsche die Ehe bzw. Zweier-Bezieh ung, gelebt in kleinfamiliären Strukturen, wählen. Ich weiß natürlich auch, daß die Gründe dafür vielfältiger Art sind. Stichworte wie geschlechtsspezifische Sozialisation mit Zuweisung und Annahme der tradierten weiblichen Rolle, die Behinderung bzw. fehlende konsequente Unterstützung der Wünsche nach Berufsausbildung für Mädchen durch Schule, Elternhaus und andere Ideologieträger und die in den letzten Jahren sich manifestierende Erwerbslosigkeit, die dann wieder in hohem Maße Frauen trifft, lassen die Suche nach Erfüllung der Wünsche im *privaten* Bereich wieder zunehmen.

Das tiefsitzende Bewußtsein bei Männern und vielen Frauen, die geschlechtsspezifische Arbeitsteilung (Männer machen Erwerbsarbeit, Frauen die Hausarbeit und sind »Zuverdienerinnen«) sei etwas »Natürliches«, führt dazu, daß wie selbstverständlich oft Frauen nach der Geburt des Kindes »die ersten Jahre zuhause bleiben«. Zwar nimmt die Zahl der Frauen zu, die den Wunsch äußern, ihre Erwerbsarbeit nur kurz zu unterbrechen, bis die Kinder »aus dem Gröbsten heraus sind«. Doch wie sollen diese Wünsche realisiert werden, wenn nach der sogenannten »Familienphase« (dieser Begriff läßt schon wieder die Reproduktionsarbeit als etwas nur Privates erscheinen) die weniger werdenden Erwerbsarbeitsplätze längst unter Männern aufgeteilt worden sind, an denen diese auch zäh festhalten mit dem Verweis, die eigentliche Bestimmung der Frau sei doch die (kreative) Familienarbeit? Das Recht auf Erwerbsarbeit für Frauen ist nur durchzusetzen, wenn die Zahl der Erwerbsarbeitsplätze konsequent *quotiert* und dies durch Maßnahmen der Frauenförderungspläne abgesichert wird.

Na prima, wird die grüne, die gewerkschaftsorientierte, die SPD-politisierte (dies nur eine beliebige Auswahl) Leserin sagen, alles richtige Forderungen. Die ökolibertäre Frau wird unzufrieden sein, sie möchte, daß das, was Frauen schon an fürsorglichen, mütterlichen Eigenschaften wie angewachsen an/in sich tragen, aufgewertet wird. Und das kann schwerlich im Erwerbsarbeitsbereich sein, dafür gibt es nämlich auch noch Kohle.

Ich sage auch: »Her mit der Quotierung«; doch welche Frauen machen sich diese Forderung in der Weise zu eigen, daß z.B. eine »Quotierungsbewegung« entstehen könnte? Die Quotierungsforderung erweist da ihren reduzierten Charakter, wo sie zunächst nur für den öffentlichen Dienst umsetzbar ist. Das bedeutet nämlich, daß alle in der Privatwirtschaft existierenden Arbeitsplätze davon unberührt bleiben, so daß die Zugangsmöglichkeiten für viele Frauen sich wohl weiter auf den Bereich der schlecht abgesicherten Teilzeitarbeitsplätze beschränken, d.h. die Frauen weiterhin nicht ökonomisch unabhängig sein können. Also würden sich für die Quotierungsforderung am ehesten Frauen des öffentlichen Dienstes, ein paar einsichtige Parteifrauen und die Gewerkschaft ÖTV stark machen.

Ich sehe schon, machtvolle Bewegung, zwar klein, dafür aber solidarrrisch. Aber halt, soll ich im Ernst annehmen, daß sich die Kollegen (Männer) dafür einsetzen, daß ihre Arbeitsplätze säuberlich quotiert, sprich ihnen weggenommen werden? Allen Solidaritätsbeteuerungen zum Trotz: ich glaub's nicht. Und es ist nicht nur eine Frage des Glaubens: Es gibt schon genügend Beweise dafür, daß sie es nicht tun. Abgehakt? Nein, ganz nach dem Motto, wir haben keine Chance, also nutzen wir sie, befürworte ich (noch) den Aufbau der inhaltlichen politischen Zusammenarbeit mit anderen Partei- und Gewerkschaftsfrauen. Das heißt, wir grünen Frauen müssen auch Forderungen aufstellen und auf Umsetzbarkeit durchdenken, die nicht nur die Mittelschichtsfrauen absichern. Da wäre z.B. die Frage, an welche realistischen und gleichzeitig über die jetzt bestehende Frauenrealität hinausweisende Veränderungen wir denken.

Ist der staatliche Zugriff auf die Privatwirtschaft wirklich so eingeschränkt? Schließlich gibt es kräftige Finanzspritzen für Industrieansiedlungen in strukturschwachen Gebieten. Wieso sollte Wirtschaftsförderung nicht auch an Quotierung der Erwerbsarbeitsplätze gebunden werden können, wenn der politische Wille da wäre? An dem aber mangelt es bekanntlich häufiger bei der SPD. Daß Haidi Strelitz (SPD) sich Frauenaktionsprogrammforderungen, die die AsF originär schon selbst aufgestellt hat, auch noch von der grünen Landtagsabgeordneten Marita Haibach abhandeln läßt, finde ich gelinde gesagt unnötig. Was zeigt mir das? Selbst wenn Frauen gemeinsame Inhalte haben, so lassen sie sich durch Partei-, bei den GRÜNEN Strömungszugehörigkeit, trennen und ihre Frauenforderungen der Partei- bzw. Strömungsräson unterordnen.

Aber es mangelt auch an Druck von Frauen von unten, außen und rundherum und an Bereitschaft von Frauen, in solche Vorhaben ihre Nase und womöglich Arbeit reinzustecken. Wie wäre es z.B., wenn eine Gruppe von Frauen sich das Vorhaben »Quotierte Arbeitplätze in Privatbetrieben« vornähmen, sich über Hindernisse und Möglichkeiten Klarheit verschafften, sich gleichzeitig mit Gewerkschafterinnen, Betriebsrätinnen, Vertrauensfrauen kurzschlössen, sich deren Kompetenzen zunutze machten und dann zu einem Vorschlag kämen, der zunächst im »Sonderausschuß für Frauenfragen« landet und dort von der grünen Abgeordneten offensiv vertreten wird? Der günstigste Fall: Die Frauen aller Parteien ziehen an einem Strang, werden sich schnell einig und leiten weiter auf die Parlamentsebene, versprechen auch, das Ding auf dem langen Marsch nicht aus den Augen zu verlieren. Wunschtraum?

Der ungünstigere Fall: Lediglich die Grüne und die SPD-Frau klemmen sich hinter die Quotierung, FDP- und CDU-Frauen und Männer (die gibt's auch in diesem Frauensonderausschuß, denn Männer wußten schon immer besser, was Frauen brauchen) reden von der Freien Marktwirtschaft und den Kräften des Marktes, die sich selbst regulieren. Kurz: verblasene Ideologie. Die Quotierung scheitert an den Mehrheitsverhältnissen und verschwindet wieder in der Patriarchatkapitalschublade. Spätestens jetzt habe ich mich selbst von der Unmöglichkeit dessen, was ich eigentlich wollte, überzeugt. Mir ist der Atem dabei kurz geworden und Trauer breitet sich aus, ob unserer Machtlosigkeit.

Aber autonome Frauen hätten mir das auch vorher sagen können. Schließlich praktizieren viele konsequent die Verweigerungshaltung, sind die männerdominierten und -strukturierten Organisationen leid, (was nicht heißt, daß ebenso strukturierte Machtkämpfe in Frauengruppen ausbleiben) wissen, daß sich Frauen dort aufreiben, verhärten und möglicherweise auch bald keine Frauenforderungen mehr vertreten, wissen, daß dort nichts zu holen ist außer Knete für Frauenprojekte, ganz autonom genommen, versteht sich.

Warum höre ich bloß nicht auf autonome Frauen, die in ihrem Wahlprogramm sagen, daß sie sich nur auf einen Ausschnitt von Frauenleben, den, in dem sie selbst arbeiten und leben, beziehen? (Frankfurter Frauenblatt, Dez. 84/Jan. 85). Die konsequent die Parteien für ihre Forderungen funktionalisieren und alles, was sie dabei behindert, links liegenlassen wollen. Warum habe ich immer noch die Gewerkschaftsbewegung (vor allem die Frauen) im Kopf, bei denen sich doch immer wieder erweist, daß sie in ihren Männerapparaten scheitern?

Warum schwenke ich nicht auf die Linie autonomer Frauen um, hat sich doch gerade in Hessen gezeigt, daß frauenspezifische Forderungen, die von gesellschaftlichen Gruppen getragen werden (Frauenhäuser, Frauenprojekte) auch mit der SPD verwirklicht werden können? Denn mit Inhalten und Zielen der autonomen Frauen stimme ich an vielen Punkten überein. Aber immer will ich noch mehr Frauen erreichen; hab' ich vielleicht einen Stellvertreterinnenpolitikfimmel? Statt mir kleine überschaubare Bereiche richtig zu er- bzw. bearbeiten, z.B. hier in Marburg ein Mädchenprojekt zu initiieren oder Öffentlichkeitsarbeit zu machen, damit die Gelder zur beruflichen Wiedereingliederung von Frauen auch über das Marburger Arbeitsamt an die Fauen gelangen, lasse ich immer wieder meinen Blick über das »große Ganze« schweifen- und verliere mich dabei möglicherweise? Ich sehe schon, ich kann die widersprüchlichen Fragen in und außer mir auf diese Weise nicht lösen. Also, die Widersprüche bleiben bestehen, werden benannt, und wir einigen uns, daß sowohl Autonome als auch Frauen wie ich jedenfalls nicht ganz Unrecht haben, und sehen zu, daß wir in der landesweiten Frauengruppe zu einer produktiven Zusammenarbeit kommen. Manche Frauenpunkte erarbeiten und debattieren wir gemeinsam, andere lassen wir nebeneinanderstehen. Meine Kritikerinnen werden einwenden, der Wunsch nach Harmonie breche mal wieder bei mir durch. Das wäre allerdings ein Mißverständnis, denn Streiten will ich nicht vermeiden. Aber ich will in der LAG Frauen arbeitsfähig bleiben, ohne daß dabei eine Gruppe von Frauen unterdrückt wird.

Trotzdem, es ist noch viel vertrackter. In Hessen war und ist das Frauenaktionsprogramm an die Politik der realpolitischen Strömung gebunden. Das hieß also, daß die Gegnerinnen einer Zusammenarbeit von GRÜNEN und SPD mit ihrer Stimme, ob sie wollten oder nicht, auch gegen die von ihnen z.T. miterarbeiteten und als notwendig erachteten Maßnahmen des Frauenaktionsprogramms stimmten. Wie ist aus diesem objektiven Zwang, entweder für das Frauenprogramm (und damit die als politisch falsch eingestufte Realpolitik) oder für ökosozialistische Politik (und damit gegen das Frauenprogramm) zu stimmen, herauszukommen? Gibt es daraus überhaupt einen Ausweg, oder ist die Vorstellung, Frauenpolitik quer zu den Strömungen machen zu wollen, illusorisch (frech/naiv wird manche/r sagen)?

Hieße das dann, Frauenpolitik würde auch in dieser Partei immer an eine Strömung gebunden sein müssen, und zwar an die, die am mächtigsten ist, wenn wir Frauen Veränderungen nicht wieder um Jahrzehnte hinausschieben lassen wollen? Oh Göttin, was heißt es dann für uns Frauen, wenn, wie ein großer Teil von grünen Frauen und Männern es wohl auch will, es ab 1987 zu Koalitionen kommt? Heißt das vielleicht, wir verlassen die Partei und schließen uns wieder autonom zusammen? Frauen aus der grünen Bundestagsfraktion warnen uns schon jetzt vor Koalitionen, denn »Frauen haben ein zusätzliches Argument, eine ganz andere Partei als die SPD zu wollen (...) Wenn wir erst einmal koalieren und auch die Rotation fällt, wird als nächstes die (Geschlechter) Parität fallen. Aus den gleichen 'Gründen', die da heißen Pragmatismus, Kompetenzen, Sachnotwendigkeiten.« (Antje Vollmer, taz 12.10.84)

Darüber müssen wir möglichst bald, und ohne daß sie uns von außen aufgezwungen wird, die öffentliche Debatte führen. Wie und welche Frauenforderungen wären denn auf Bundesebene mit der SPD durchsetzbar bzw. würden unter den Herrentisch fallen? Wenn wir diese Diskussion breit führten, könnten wir damit auch die Pragmatiker/innen in den GRÜNEN, die nur noch auf die SPD starren, um zu erkennen, was die denn gnädigerweise alles zulassen könnte, in Zugzwang bringen. Auch deswegen plädierte ich in der LAG Frauen für die Arbeit an mehreren Themen, von denen eines »Strategiedebatte« heißt. Selbst wenn es, wie mir entgegnet wurde, in der LAG Frauen nicht zu einem einheitlichen Votum in der Frage GRÜNE/SPD kommen wird, ist die Diskussion über die Folgen, die eine solche Politik haben könnte, nicht überflüssig.

Überhaupt denke ich, daß von dieser LAG weiter alte/neue Impulse ausgehen werden. Allerdings sind wir noch zu wenige Frauen, die regelmäßig mitarbeiten, so daß etliches an einzelnen Frauen hängenbleibt, was die Power nicht vergrößert. Bekanntlich hilft Klagen aber nichts, deshalb hier

Konkrete Vorschläge

Zur Dezentralisierung der Diskussion (zu wenig Frauen äußern sich) Arbeit in kleineren AG's mit verschiedenen Themen wie z.B. Frauenerwerbstätigkeit. Wie kann die Quotierung der Erwerbsarbeitsplätze durchgesetzt werden? Was beinhalten Frauenförderpläne, was wird von den darin enthaltenen Maßnahmen bereits umgesetzt? Welche Haltung haben wir zu den verschiedenen Formen der Teilzeitarbeit und zum Mindesteinkommen?

Auswertung der Umsetzung des hessischen Frauenaktionsprogramms. Welche Forderungen müssen neu, verändert gestellt werden? Was blieb im Verwaltungsdickicht hängen bzw. wo ändert die Verwaltung bereits Richtlinien, um die Autonomie mancher Projekte zu beschneiden?

Zur programmatischen Arbeit sollten alle grünen Programmpunkte aus Frauensicht bzw. von Frauenbelangen her gesehen überarbeitet und verändert werden. Konkret muß im Laufe dieses Jahres das Paritätsstatut mit der noch darin enthaltenen Forderung nach getrennter Abstimmung von Frauen und Männern, wenn es um Dinge geht, die das Selbstbestimmungsrecht von Frauen betreffen, wieder in die Landesversammlung eingebracht werden. Nicht zuletzt wünschen wir uns mehr Frauen, die für die verschiedenen Gremien und Listen kandidieren. Wir sollten es nicht bei Appellen lassen, sondern Frauen direkt ansprechen, auf ihre Zweifel eingehen und ihnen Unterstützung zusagen. Wer weiß, vielleicht wollen wir ja auch einmal einen Frauenlandesvorstand oder eine Frauenfraktion. Die Diskussion müßte lange vorher beginnen, wie das Scheitern der Berliner Frauenfraktionsidee an der Nichtbereitschaft von vielen Frauen und uninteressierten Männern der Partei gezeigt hat.

Eine Arbeitsgruppe beschäftige sich mit der oben schon erwähnten Strategiedebatte, einmal im Hinblick auf Koalitionen GRÜNE/SPD; dazu müßten Frauen sich z.B. einmal Forderungen und Beschlüsse von AsF-Bundesfrauenkonferenzen ansehen und dabei auch nicht übersehen, daß die AsF mit den meisten ihrer Forderungen in ihrer eigenen patriarchalischen Partei scheitern. Zum anderen sollten wir uns auch weiterhin mit der Arbeit autonomer Projekte auseinandersetzen. Notwendig ist auch ein Austausch von Frauen über ihre Arbeit in der Partei. Wo und wie werden sie von grünen Frauen und Männern in ihrer Arbeit behindert, was können sie dagegen machen, welche Konsequenzen ziehen sie? Überhaupt, wie geht es Frauen in einzelnen Kreisverbänden, in denen noch keine Frauengruppen existieren?

Da es nicht *die* grünen Frauen gibt, sondern mindestens drei unterschiedliche Gruppen: solche, die sich als Feministinnen begreifen (meistens ein bißchen radikaler), solche *auch* frauenspezifisch arbeitende und solche, die eigentlich mit Frauenforderungen nichts zu tun haben wollen (d.h. an »normalen« grünen Themen arbeiten, ohne auf frauenspezifische Bezüge zu achten), sollten wir uns unbedingt bemühen, mehr Frauen für Frauenthemen zu aktivieren.

Ich gehe davon aus, daß jede Frau objektiv betroffen ist von Gewalt, Verhütung und Schwangerschaft, Hausarbeit und (drohender) Erwerbslosigkeit, Unterbezahlung usw. Wo die Gründe dafür liegen, daß nicht alle Frauen ihre Diskriminierung subjektiv empfinden bzw. ihre Betroffenheit nach außen artikulieren, ist, so meine ich, auch in Bezug auf grüne Parteifrauen eine äußerst wichtige Frage. Ich denke, ein nützliches Stichwort in diesem Zusammenhang ist die Trennung öffentlich/privat, das heißt, daß Konflikte zwischen Frauen und Männern, die im öffentlichen Bereich angelegt sind (z.B. Abstimmungen von Frauen gegen Männerinteressen oder Mitarbeit/Kandidaturen von Männern auf Kosten ihrer Frauen), nicht etwa öffentlich und in der Partei thematisiert werden, sondern daß dies wieder in der Familie/Beziehung geschieht, in der Frauen sich weniger wehren. Ich meine, Frauen wären, ganz gegen traditionelles Verständnis, geschützter und würden von anderen Frauen eher unterstützt, wenn dies im öffentli-

Unsere Schwestern? (v.l.n.r.: Marianne von Weizsäcker, Hannelore Kohl, Hanna-Renate Laurien) Foto: Rieth

chen Raum ausgetragen würde. Obwohl ich weiß, welches heiße Eisen ich damit anpacke, meine ich, Frauen sollten Männern, wenn sie kandidieren, listige Fragen zur Familien-Beziehungssituation stellen. Verblüffenden Erfolg hat meistens die Frage nach männlicher Verhütung. Sie wird als Kern des Privaten begriffen, wogegen wie selbstverständlich über den § 218 und die »Unmoral« der Frauen öffentlich breit verhandelt wird. Unseren Phantasien sind da keine Grenzen gesetzt, wo Männer Auskunft geben und mindestens ins Nachdenken gebracht werden sollen.

Über die hessische LAG Frauen hinaus ist eine Vernetzung aller Frauen und Frauengruppen bei den GRÜNEN, aber auch parteiunabhängiger Frauengruppen notwendig. In Hessen sind beide Autorinnen dieses Beitrages im Dezember 1984 in den Landesvorstand gewählt worden und begreifen die »Frauenfrage« als ihren Arbeitsschwerpunkt. Am Anfang wird es wohl hauptsächlich um organisatorische Arbeit gehen. Darunter verstehe ich, Frauenkontaktadressen zu sammeln, Frauen persönlich anzuschreiben, sie über die geplante Vernetzung zu informieren, auf erarbeitete Frauenwahlprogramme bzw. Materialien zu Frauenthemen hinzuweisen bzw. zuzusenden. Sich als Ansprechfrau, die auch in Kreisverbände fährt, zur Verfügung zu stellen. In Kreisrundbriefen, die relativ häufig erscheinen, regelmäßig eine oder mehrere »Frauenseiten« mit Informationen und politischen Erklärungen zu den Themen § 218, Scheidungsfolgerecht, Frauen und Rente, also allen relevanten aktuellen Themen, die von Frauen in Kreis- und Ortsverbänden als Presseerklärungen verwendet werden können, veröffentlichen. Desweiteren möchte ich beginnen, Frauenmaterialien in der Landesgeschäftsstelle zu archivieren, so daß unsere Nachfolgerinnen nicht von vorne beginnen müssen.

Nicht nur die grüne Programmatik soll aus Frauenperspektive überarbeitet werden, sondern in der Praxis selber, in den Arbeitsgruppen sollten wir uns frauenspezifisch einmischen. Dafür gibt es sicher schon kompetente Frauen, die als Referentinnen Frauenseminare zu Themen wie Frieden, Umwelt, Demokratie, Arbeit, Ausländerinnen, Kultur usw. veranstalten können. Qualifizierte Rhetorikseminare, in denen ein feministischer Ansatz (Frauensprache/Männersprache) vertreten wird, sind notwendig. Vielleicht sollten auch einmal Landesversammlungen nur mit Frauen stattfinden, wie es die Baden-Würtembergerinnen schon praktizieren.

Wenn die Leserin jetzt fragt, welche Frauen das eigentlich alles machen/schaffen sollen, kann ich nur antworten, daß ich mich das hin und wieder selbst frage und daß dies alles vergessen werden kann oder im Frust aufgegeben wird, wenn nicht mehr grüne Frauen dafür aktiv werden. Oder müssen wir auch zu Einzelkämpferinnen werden? Und dies ist ja altbekannt, niemand kennt unsere Wünsche, Forderungen, Utopien so gut wie wir selbst, und niemand, wenn nicht wir Frauen, wird sie politisch durchsetzen können.

Tamara Tschikowani/Kirsten Heinsohn

Notizen aus der Provinz: Frauen bei den GRÜNEN in Schleswig-Holstein

Haben die Frauen in der grünen Partei bessere Bedingungen, ihre Politik zu gestalten, als in anderen Institutionen? Dies war eine der wichtigsten Fragestellungen der AG Frauen auf der letzten Landesdelegiertenkonferenz (LDK) der GRÜNEN Schleswig-Holstein in Neumünster Anfang Oktober 1984. Zum ersten Mal seit Bestehen des Landesverbandes (!) wurde diese Frage auf so breiter Ebene diskutiert und mit dem Gewicht der LDK im Bewußtsein der Delegierten in einen wesentlichen Rang gehoben. Man mußte zur Kenntnis nehmen, daß nun sogar in der Provinz (die Wahl des Bonner Weiberrates lag noch nicht weit zurück!) die Debatte um patriarchalische Strukturen und weibliche Gegenmacht eröffnet werden sollte. Dies war zumindest das Anliegen der seit einem Jahr arbeitenden Landes-AG Frauen, die auf anderen Konferenzen bereits hie und da Stellung bezogen und ihre Anträge in Sachfragen der Frauenpolitik ohne große Auseinandersetzung durchgesetzt hatte (z.B. zur ersatzlosen Streichung des § 218 oder zur Unterstützung von Frauenhäusern).

Daß die LAG Frauen damit nicht falsch lag, bewies der Zuspruch auf der LDK: Viele Frauen hatten sich nur wegen der Frauenthemen (Situation der Frauen bei den GRÜNEN, Familienpolitik und Stiftung Mutter und Kind) delegieren lassen und beteiligten sich dann auch mehrheitlich an dieser AG, einer von vielen auf dieser Konferenz!

Nicht fehlen durfte natürlich die typische Frage eines Mannes, warum denn die Männer nicht an der Frauen-AG teilnehmen dürften, schließlich sollte Familienpolitik doch auch Sache der Männer sein. Nach einem kurzen Wortwechsel war die Sache in unserem Sinn — nur Frauen in der AG — erledigt, aber wohl nicht aus tieferem Verständnis für unsere Entscheidung, sondern eher aus Hilflosigkeit gegenüber unserer Entschlossenheit.

Sowohl diese kleine Episode als auch die späteren Diskussionen im Plenum waren von Anfang an emotionaler und spannungsgeladener als alle anderen Debatten — die Männer in unserer Partei sind genauso patriarchalisch, chauvinistisch und lernunwillig wie die meisten anderen; das wurde uns sofort wieder vorgeführt.

In der AG berichteten dann 34 Frauen aus fast allen Kreisverbänden von ihrem politischen Leben und zogen Bilanz:
In fast allen Kreisen sind ein Drittel bis die Hälfte der Mitglieder Frauen. Die Ausnahme bildet Nordfriesland: Von 120 Mitgliedern sind 80 weiblich. In der aktiven Politik sieht dieses Verhältnis ganz anders aus. Durchschnittlich kommen auf 20 Aktive nur zwei bis drei Frauen. Logisch, daß dann paritätische oder anteilsmäßige Ämterbesetzungen die Ausnahme bilden. Grüne Kreis-Frauen-AGs sind eine Seltenheit; sie gibt es nur in drei von 15 Kreisen. Die meisten Frauengruppen — sowohl auf Orts- wie auf Kreisebene — verstehen sich als autonome Gruppen, d.h. eher der Frauenbewegung als der Partei zugeordnet.

Im Landeshauptausschuß, dem höchsten beschlußfähigen Organ zwischen den Parteitagen, sind von 50 delegierten Menschen ganze fünf bis zehn Frauen. Auf der Landesdelegiertenkonferenz im Oktober wurden zwar vier Frauen und drei Männer in den Landesvorstand gewählt; das darf allerdings nicht überbewertet werden, denn es standen nur acht Kandidat(in-n)en zur Verfügung; gewählt wurde, wer nach Leistung geschätzt oder neu war. Absprachen unter den kandidierenden Frauen hatte es nicht gegeben. Sie kannten sich zum Teil nicht einmal.

Schleswig-holsteinische Idylle

In den Kreistagen und Parlamenten der kreisfreien Städte finden sich kaum Frauen bei den Grünen: in Fraktionen gibt es drei weibliche Abgeordnete und eine Geschäftsführerin. (Neuester Stand: von 46 Abgeordneten sind 13 Frauen.) In den Gemeindeparlamenten sieht es nicht viel besser aus. Einzige Ausnahme auch hier: Im Kreis Nordfriesland, in Husum, hatten zwei Frauen von vornherein gemeinsam kandidiert. Beide waren aus der autonomen Frauenbewegung zu den GRÜNEN gestoßen und wußten, daß sie der gegenseitigen Stärkung bedurften, wenn sie nicht untergehen wollten.

In der Diskussion unter den Frauen auf der LDK wurde die Behinderung von frauenpolitischer Arbeit durch die vorgefundenen (Partei-)Strukturen überaus deutlich. Dazu gehören nicht nur die Mängel einer Redeliste oder auch das allerorts anzutreffende Gockelverhalten einiger exponierter Männer (Schaufensterreden, geringere Beachtung von Frauenmeinungen etc.), sondern auch die Probleme der Frauen, die Kinder oder andere Verpflichtungen haben und diese mit ihrem politischen Engagement verbinden müssen. Konkret bedeutet dies, daß politische Arbeit von Frauen teilweise nur durch das »Wohlwollen« der Partner (meistens jahrelang schwer erkämpft!) oder anderer Menschen möglich ist. Und: Je höher die politische Ebene wird, desto schwieriger wird diese Arbeitsteilung und desto weniger Frauen sind in diesen Gremien vertreten.

Wie kann die aktive politische Teilnahme von Frauen in allen Bereichen und Gremien gewährleistet werden, ohne daß die Frauen, die dort vertreten sind, an einer Doppel- oder Dreifachbelastung zerbrechen? Gerade solche Frauen stehen des öfteren vor einem schwer zu lösenden Dilemma: einerseits sind sie sich bewußt, wie wichtig weibliche Präsenz oder besser: weibliche Teilnahme an der Macht ist, andererseits führt ihre oft isolierte Position zu Ellenbogenpolitik und Einzelkämpferinnentum. Viele empfinden diese Situation als eine Falle, weil ihre Ansprüche an menschliche Politik mit ihrem politischen Alltag kollidieren. Rückzug ist der am häufigsten gewählte Ausweg. Wie könnte eine mutmachende Perspektive aussehen?

Viele Frauen betonten die Notwendigkeit autonomer Frauenzusammenhänge. Nur sie gewährleisten die Kraft, frauenpolitische Inhalte und Ziele immer wieder neu zu denken und an die Institutionen — also auch an die GRÜNEN — heranzutragen und einzufordern. Neue Verhaltensstrukturen können erprobt und geübt, die persönliche Emanzipation gestützt werden.

Oder wie Rossana Rossanda sagt:

»*Worauf es ankommt, ist, daß die Frauen sich entschließen, ihrer Bewegung den Vorrang zu geben. Ich wiederhole, sie müssen sich als besonderes historisches Subjekt begreifen, denn nur so werden sie Identität erwerben, die es ihnen dann aber auch erlaubt, sich dialektisch auf die Partei einzulassen — nicht nur weil sie aus dieser Identität kommt, sondern auch deshalb, weil sie die Voraussetzung dafür ist, der Parteiform neue Inhalte zu geben. Diese neuen Inhalte freilich sind nur 'draußen' zu entwickeln, in der Frauenbewegung, nicht aus der Tatsache der Mitgliedschaft von Frauen in einer Partei!*« (Rossana Rossanda, Einmischung. Frankfurt a.M. 1980)

Deshalb wurde von Frauen auch das besondere Interesse an Mitteln zur Einschränkung der Machtverfestigung, wie z.B. das Rotationsprinzip, betont.

Rotation und imperatives Mandat gewährleisten, daß die Frauenbewegung durch ihre Vertreterinnen (Motto: Befreit in der Bewegung — emanzipiert in den Institutionen!) grüne Frauenpolitik mitgestalten kann und geben den aktiven Frauen gleichzeitig Schutz vor Verparlamentarisierung und Einzelkämpferinnentum.

Inwieweit unter den diskutierenden Frauen über diese Positionen Einigkeit bestand bzw. besteht, konnte nicht definitiv festgestellt werden.

Es gab und gibt durchaus Widerspruch, wenn von der »Männerschere« in unseren Köpfen gesprochen wird, um die Ursachen der Schwäche von Frauen in den Kreisen und im Landesverband zu beschreiben. Es wurde gefragt, ob hier nicht die Männer als Schuldige gesucht würden für die eigene Unfähigkeit und Lethargie, die Nicht-Einmischung, um so die Verantwortlichkeit von den Frauen selbst wegzuschieben. Dieser erste Austausch auf der LDK sollte allerdings auch nicht in Anträgen festgeklopft werden, sondern zunächst die Auseinandersetzung in Gang bringen.

Und dies gelang durchaus: So sahen sich die berichtenden Frauen — und damit alle — im Plenum der LDK mit massiven Angriffen einiger Männer konfrontiert, die offensichtlich nicht bereit waren/sind, sich auf das von den Frauen angeprangerte strukturelle Problem der GRÜNEN überhaupt einzulassen: Was das Gejammer denn nun wieder solle; man habe sich doch wirklich um die Frauen bemüht (z.B. in Neumünster für die Ratsfraktion), aber es sei ja keine bereit gewesen, aktiv einzusteigen; was denn die Frauen eigentlich wollten? Wenn man Politik macht, müsse man (!) eben auch die »Scheiß«-arbeit machen; wir sollten doch mal Alternativvorschläge machen! Oder: Was denn die Männer anders machen sollten? Dies und anderes — vorgetragen in der Pose »Hilflosigkeit« bis »Ich will mal ein bißchen provozieren!«

Die Auseinandersetzung kulminierte schließlich in einem spontan von zwei Frauen eingebrachten Antrag. Die Frauen wollten wissen, wie ernst denn das Angebot, es läge doch nur an den Frauen, wenn sie sich einbringen wollten, gemeint sei. Der Antrag lautete, die LDK möge empfehlen, daß überall dort, wo Frauen dies wollten, Frauenlisten und Weiberräte unterstützt werden sollten.

Da es sich um einen Initiativantrag handelte, bedurfte es einer 2/3 Mehrheit, um sich überhaupt mit ihm zu befassen. Und die verfehlte er um eine Stimme. Also wurde nicht abgestimmt und der Antrag war fürs erste abgeschmettert.

Mit einem Beitrag im Landesmitgliederrundbrief und einem Bericht zur Situation der Frauen in den Kreisverbänden sollte die Debatte an der Basis weitergeführt werden. Dies gelang so nicht, da ein landesweiter Zusammenhang zwischen den aktiven Frauen erst im Entstehen ist, einige Kreise noch nicht einmal »erfaßt« sind. Die LAG Frauen will zu den Frauen in die Kreise gehen, um zu den Kommunalwahlen im März 86 ein »Frauennetz« entstehen zu lassen, das verhindert, daß die Machtfragen an den Frauen vorbei oder über sie hinweg entschieden werden.

Wenn der Aufbau dieser internen Frauenstrukturen und die gleichzeitige feste Verankerung in der autonomen Frauenbewegung nicht gelingen, dann werden wir — nicht nur in Schleswig-Holstein — keine qualitativ anderen Bedingungen als Frauen in den GRÜNEN haben als in jeder anderen Institution.

Dann müssen wir gegen verkrustete Strukturen und labernde Macker ankämpfen und auch gegen die Meinung, daß die »Frauenfrage« nur von minderer Bedeutung sei. Ob wir dazu in zwei Jahren noch bereit sind? Zur Zeit ist die Entscheidung über die Zukunft der grünen Partei als feministische Partei noch offen; es liegt auch an uns, aber: Wenn ihr wollt, daß wir kommen, macht uns erst mal Platz!

Daß uns der Wind in der eigenen Partei kräftiger um die Nase wehen wird, kann frau an der folgenden Auseinandersetzung zwischen einem grünen Mann und einer grünen Frau verfolgen. Die Auszüge sollte frau sich genüßlich im Kopf und im Bauch zergehen lassen.

Unter der Überschrift: »Wider das 'frauenfreundliche Spießertum'. Eine neue Methode in der politischen Auseinandersetzung?« heißt es u.a.:

»Ich weiß sehr genau, welche Benachteiligungen Frauen in unserer Gesellschaft haben. Ich weiß auch, daß es dabei nicht um eine 'Gleichstellung' im üblichen Sinne geht, sondern um die Veränderung von Männerdenken und Männerherrschaft, die tief in den Knochen sitzt und uns die Probleme eingebrockt haben, an denen wir jetzt alle aus Überlebensgründen arbeiten müssen.

Das ist schon klar.

Was nicht automatisch heißt, daß ich als Mann und Mensch mir jeden Vorwurf anziehe. Daß ich mich nur in der offensiven Auseinandersetzung mit der Frauenbewegung in Frage stellen und verändern kann. Die grundsätzliche Frauenfrage rechtfertigt nicht alles, was Frauen sagen und wollen, unkritisch zu akzeptieren.

Im Gegenteil: Die Frauen, die auf allen Feldern mit der Bugwelle der Frauenbewegung herumsegeln, z.T. den größten Quatsch sagen, machen die berechtigten Ziele der Frauenbewegung lächerlich. ...

Ich sag das, was ich denke. Und ich definiere mich als Mann selbst und nicht hintenherum durch die Frauenbewegung. ...

Ich bin aber nicht bereit, meinen 'Schwanz' vorher in der Garderobe abzugeben, um überhaupt diese Debatte führen zu 'dürfen'. Besonders sauer stößt mir auf, wenn ich sehe, wie Frauen, die alle Voraussetzungen haben — jedenfalls äußerlich — neue emanzipatorische Beziehungen zu leben, in die Zweisamkeit flüchten, Kinder bekommen und gleichzeitig das ganze Programm der Frauenbewegung da mit hineinnehmen und gegen den Mann, den armen Teufel, wenden, ihn gefügig, 'selbstlos' machen, ihn kastrieren — weder Männchen noch Weibchen — und taktisch in die Zweierbeziehung das Frauenthema einbringen, aber selbst nicht den Mut haben, die Grundlage einer emanzipatorischen Offensive — die Auflösung des Zweiergefängnisses — in die Tat umzusetzen.« (Horst Mühlenrad: Nur die Grünen können sich selbst noch ein Bein stellen. Flugblatt, Neumünster 1984)

»Nun ist das Phänomen der Kastrationsangst hinreichend bekannt, und es verwundert auch nicht weiter, daß es dabei gelegentlich zu saurem Aufstoßen kommt. Was da aber kocht, und was Wahrnehmungsstörungen und Blockade der kritischen Urteilsfähigkeit bewirkt, und welche Verhaltensweisen diese bedenklichen Symptome hervorrufen, bedarf der Nachforschung! Gesunde Männer braucht das Land!! Ent-

gegen der Überschrift, die hoffen läßt, er wende sich gegen großväterlich-gönnerhaftes Zuwortkommenlassen von Frauen durch Männer, die an der Garderobe ihren Schwanz abgelegt und einen Schuldkomplex übergezogen haben, scheint sich der Zorn des Autors besonders heftig gegen vermeintliche sportliche Aktivitäten der Frauen zu richten. ...

Oder auch der neue Wettkampfsport 'Rundumsteinschlagen'. Wir bitten doch zu berücksichtigen, daß dies nicht irgendwelche Steine sind: wir verwenden immerhin den Stein der Weisen — uns scheint, der Autor merkt es ungläubig staunend und nicht ohne Neid an —, und wir haben ihn nicht irgendwo, sondern in unseren Geschlechtsmerkmalen gefunden ...

Die niederschmetternde Absage an unsere Bemühungen, uns miteinzumischen, macht mutlos. Zurück in die Zweierbeziehung also? Nein, es gibt kein Zurück in die heile Welt, denn wir betreten sie nicht mehr unberührt: Tückisch taktierend gehen wir sie frech frauenbewegt an und entwürdigen damit die ohnehin schon entmannten (s. Garderobe) armen Teufel.

Rätselhaft bleibt uns das Anliegen des Autors.

Nicht nur sagt er nicht, was er nicht will, er sagt auch nicht, was er will. Wahrhaftig, da hat einer nicht so weit gedacht, wie er sich geäußert hat.« (Ulla Klente: Zwischen grünem Anspruch und Wirklichkeit männlicher Wirklichkeit. Mitgliederrundbrief, Flensburg 1985)

Grüne Politik ist den Frauen nicht grün

Interview mit Agnes Hansen, Mit-»Glied« im Arbeitskreis Frauen München und im Landesarbeitskreis Frauen Bayern

Agnes: »Keine Macht für niemand — auch nicht für Männer« — so hat der Arbeitskreis Frauen in München angefangen; nämlich mit einem Brief von sechs Frauen in der grünen Zeitung im April 1982. Wir Münchnerinnen hatten damals alle schon reichlich Erfahrungen gemacht, daß wir uns gegen die *herr*schenden Strukturen nicht durchsetzen konnten. Dem wollten wir etwas entgegensetzen und gründeten deshalb den Arbeitskreis, der sich zweimal im Monat traf. Nach anderthalb Jahren begannen wir, das Kommunalprogramm zu erarbeiten und baten dazu die autonomen Frauen um Hilfestellung.

Interviewerin: Hatten denn die Frauen keine Vorbehalte euch gegenüber, weil ihr Parteifrauen wart, auch mit Männern zusammen Politik machtet?

A.: Nein, überhaupt nicht. Es war so ein liebevoller Umgang mit uns. Sie haben uns Informationen gegeben und uns ungeheuer ermutigt. Ohne die autonomen Frauen wären wir in München nicht so weit gekommen. Auch heute sind wir in München ganz wenige grüne Frauen, die autonome Bewegung ist viel stärker.

I.: Wie erklärst du dir die gute Zusammenarbeit mit den autonomen Frauen?

A.: Die Erarbeitung des kommunalen Frauenprogramms hat uns viel gebracht. Wir haben uns teilweise richtig gefetzt und uns dann wieder zusammengesetzt. Das kommunale Frauenprogramm ist eigentlich das Programm der autonomen Frauen.

I.: Wie haben die grünen Männer darauf reagiert?

A.: Da kamen sehr viele Einwände und Proteste, so von wegen --- »Das geht doch nicht« und »So sind doch nicht alle Männer«. Ganz besonders hart waren die Auseinandersetzungen bei den Forderungen zu *Gewalt gegen Frauen*.

Eine wichtige Aktion war auch unser Flugblatt: *Wir Frauen sind die Hälfte der Menschheit*. Darauf mußten auch grüne

Männer reagieren. Damals waren wir ja noch sehr lieb und nett, überhaupt nicht fürchterlich. Und die Männer sagten »ja, ja, die Frauen sollen ja auch«, pipapo.
Wir haben uns viel Zeit gelassen und viel Geduld aufgebracht. Wir haben nichts über's Knie gebrochen.

I.: Das klingt ja richtig unproblematisch.

A.: Ist es auch. Der Vorteil in München ist, daß wir uns untereinander kennen. *Auf Landesebene ist das alles viel schwieriger.* Da ist der Landesarbeitskreis auch von Frauen angegriffen worden, so im Sinne von »sinnlose Zeit- und Kraftverschwendung« und über die Auseinandersetzung über den § 218.
Eine Herausforderung war für uns auch die Auseinandersetzung um das Reißverschlußsystem der Redeliste. Das war im August 1983 und wir haben furchtbar geschwitzt. Wir hatten auch die Solidarität von einigen Männern. Die brauchen wir und sollten wir immer einfordern.

I.: Wie liefen dann die Auseinandersetzungen um Parität in den Gremien?

A.: Da hieß es: »Die bayrischen Strukturen stehen dagegen. Das sind gewachsene Strukturen.« Unglaublich, nicht?
Im Oktober 1983 haben wir erstmalig Parität gefordert und bis heute noch nicht durchgesetzt. Es ist wie überall. Wir sind zu wenig Frauen, weil es eine Männerpartei ist, also ein Kreislauf, der sich selbst am Leben hält.

I.: Wie gut sind denn die bayrischen Frauen organisiert?

A.: Seit Anfang 1984 haben wir in München das bayrische Frauenreferat, eine Frau, Margarete, die alles koordiniert, die alle Frauen informiert und auch praktische Sachen organisiert, wie beispielsweise Selbstverteidigungs- und Rhetorikkurse. Sie ist Kontaktfrau, eine integrative Kraft, reist durch Bayern, besucht Frauengruppen und Kreisverbände auf Einladung, geht zu Podiumsdiskussionen u.s.w.

I.: Also ist Frauenpolitik doch ein gutes Stück Beziehungsarbeit?

A.: Na klar. So vieles scheitert an den Beziehungen untereinander. Ich will gar nicht mit allen Frauen toll auskommen, auch nicht mit allen einer Meinung sein. Aber ich will mich fetzen und dann wieder zusammensetzen können. Bei uns im Landesarbeitskreis wird nichts unter den Teppich gekehrt, worüber wir dann später stolpern könnten.
Aber überall sind Frauen, die jeden Ansatz zerstören — und

zwar mit »Vernunft«. Die sind so gefährlich, weil sie uns Kraft absaugen. Sie haben selbst keine Utopien und gönnen uns deshalb auch keine. Das schlimmste ist deren Mißtrauen und dieses verinnerlichte Leiden. Sie wollen einfach nicht reflektieren, was ihre Bedürfnisse sind. Und dann macht Frauenpolitik keinen Spaß mehr.

I.: Du vermißt also so ein Gefühl von grundsätzlicher Solidarität von grünen Frauen?

A.: Ja, genau. Ich will ja gar nicht Friede, Freude, Eierkuchen. Aber ich brauche Offenheit, um miteinander Politik machen zu können; dieses Gefühl: grundsätzlich halten wir zusammen, und wenn es gegen Männer geht allemal. Aber einige Frauen verbieten es uns geradezu, in Erscheinung zu treten, Power und Lust an der Politik zu entwickeln.

I.: Und wie ist es mit Deiner Lust an der Politik?

A.: Ach, ich finde mich öfters zwischen allen Stühlen wieder, damit habe ich mich abgefunden. Ich bin im Münchner Frauen-AK sowas wie die »letzte Mohikanerin«; die ganze alte Münchner Frauengruppe ist verschwunden.

Ich schlag zu, aber das kostet Kraft. Besonders, weil es sich immer wiederholt. Und das ist ja nur ein Reagieren, nicht einmal die Kraft zum Durchsetzen von etwas Positivem.

I.: Was hält dich denn noch bei den GRÜNEN?

A.: Ich kann nicht einfach alles hinschmeißen. Dafür habe ich auch zu starke Bindungen an einzelne Personen. Und außerdem will ich ihnen zeigen, daß sie uns nicht einfach loswerden, daß sie sich mit unseren Sachen auseinandersetzen müssen. Dazu ist ein Anfang gemacht.

Und wenn ich das Ganze aus besserer Stimmung betrachte, denke ich, daß es doch ganz schön viele dufte Frauen auf Landesebene gibt — und auch ein paar dufte grüne Männer.

I.: Männer?

A.: Ja, auch Männer, die was kapiert haben, die sich auf Frauen beziehen, sie unterstützen, teilweise stärker als Frauen. Woher soll frau die Kraft nehmen und den Mut, allein irgendwo aufzustehen. Daß du ignoriert wirst und deine Vorschläge und Forderungen abgebügelt werden, ist ja noch das Geringste. Allein die Sprache, in der die »herr«schenden Strukturen immer wieder zum Ausdruck kommen, ist unerträglich.

Zu der Zeit ist auch das Männerprogramm entstanden. Aus ungeheurem Frust, ja fast Haß heraus haben das drei Frauen geschrieben. Es hat uns Spaß gemacht. In ganz Bayern haben wir das verbreitet und es hat eine Riesenempörung ausgelöst. Aber langfristig hat es doch in den Köpfen etwas bewegt.

I.: Gibt es bei den GRÜNEN emanzipierte Männer?

A.: Vereinzelt ja. Da hatten wir mal 'nen Männerarbeitskreis. Erst wollten die zum Frauen-AK kommen. Aber wir haben gesagt: »Nee, erst mal müßt ihr an Euch arbeiten, sonst lohnt sich das für uns nicht.« Aber Männer haben bei ihrer Emanzipation ja nicht viel Ausdauer.

I.: Warum bist du keine autonome Frau?

A.: Ich möchte eigentlich gerne, daß die Gesamtszene mal eins ist, daß es nicht dort die Szene gibt und da die Frauenszene.

I.: Aber warum bei den GRÜNEN?

A.: Du, ich habe viel in der Szene gelernt. Das will ich bei den GRÜNEN einbringen, die GRÜNEN bei ihren Ansprüchen packen, die paar Radikalen bei den GRÜNEN nicht im Stich lassen, obwohl viele Anarchos, Spontis und solche Leute, die radikale Positionen vertreten, meist schon ausgetreten sind. Aber meine innere Distanz zu den GRÜNEN wächst, nicht nur was die Frauenpolitik angeht. Das politische Kalkül, das Taktieren, das nimmt zu bei den Grünen.
Ich weiß nicht, wie lange ich noch durchhalten kann.

(Anm. d. Hrsg.: Agnes Hansen ist fünf Wochen nach diesem Gespräch — am 1. März 1985 — aus den GRÜNEN ausgetreten.)

M Ä N N E R P R O G R A M M

für deutschland und den rest der welt.

wir männer sind eine minderheit!
durch unsere naturgegebene überlegenheit obliegt es uns jedoch seit jahrtausenden, die verantwortung für die führung und gestaltung der gesellschaft zu übernehmen. diese gesellschaft haben wir nach unseren vorstellungen durchstrukturiert und normen aufgestellt, die nur die qualifiziertesten unter uns erfüllen können. diese normen mögen widersprüchlich erscheinen, unsere selbstunterdrückung schafft es, diese widersprüche aufzuheben. wir sind:
- gesund und schwer-behindert,
- heterosexuell und frauenfeindlich,
- familienfixiert und prostitutionsfördernd,
- religiös (technik-wissenschaft-gott-fortschritt) und ungläubig (natur-selbst-andere menschen-verständnis),
- erwerbstätig und konsumsüchtig.

ERZIEHUNG ZUM MANN
um diesen normen gerecht zu werden, sind folgende erziehungsmaßnahmen nötig.
in der frühkindlichen Phase:
- abhärtung gegen eigene emotionale und körperliche bedürfnisse zwecks distanzierung von sich selbst.
- aggressives durchsetzungsvermögen wird gefördert und kooperatives und mitfühlendes wird bestraft.
- besitzdenken (= macht und angst vor verlust) wird anerzogen. die männerpsychologie nennt das ödipuskomplex.
- isolation von sich und den anderen.
  - autonomie - !

in der Schule:
- fixierung auf sachliche, intellektuelle und logische bewältigung aller inhalte.
- ausrichtung auf selbstversachlichung.
- unkritisches, autoritätsgläubiges verhalten wird unterstützt.
- kampfspiele, wettbewerb, leistung als training für den lebenskampf.
- durch leistungsdruck und konkurrenz werden schwächlinge aussortiert.

männliche sexualerziehung:
- reduzierung der menschlichen sinnlichkeit, sexualität und liebesfähigkeit auf ge-schlecht-sverkehr, um die autonomie-isolation aufrecht zu erhalten zwecks systemerhaltung.
- weibliche sexualität muß ein buch mit 6 siegeln sein und bleiben, da das wissen darum den schnellen lustgewinn vermiest.
- aufspaltung der frau in madonna/ritterlichkeit und hure/konsum.
- aufklärung vorrangig über geschlechtskrankheiten.

bei der bundeswehr kriegen wir unsern letzten schliff:
- gehorsam und sadismus, männergemeinschaft und saufen.

jetzt sind wir ordentliche staatsbürger: bundeswehr, grenzschutz, polizei, verfassungsschutz, schwarze sherrifs, politiker, wirtschaftsbosse, ärzte, wissenschaftler, juritsten, angestellte, beamte und sonstige bürger entsprechen unserem selbstbild.

alles, was anders ist, macht uns angst.
normenerfüllung ist angstmindernd.
frauen und andere behinderte sollen uns für unsere aufopferung lieben, ehren und fürchten.

WIR MÄNNER FORDERN:
- die rechtsprechung muß endlich unsere bedürfnisse zur alleinigen grundlage haben: vergewohltätigung der eigenen frau, unserer sekretärinnen und der frauen, die es brauchen, die uns provozieren durch aufreizenden körper, anmachendes verhalten sind als kavaliersakte anzuerkennen.
- die wiedereinführung der strafbarkeit bei abtreibung (§ 218). wenn frau uns reinlegt, soll sie leiden, z. b. beim kurpfuscher.
- verbot und verfolgung der homosexualität.
- lesbische frauen dürfen sich nur vergnügen, wenn mann zuschauen kann und anschließend bescheid stößt.
- familienunterricht für geschlagene frauen, damit sie sich nicht wieder so dumm anstellen, wir sie nicht so oft schlagen müssen und uns den unappetitlichen anblick und das gejammere ersparen können.
- es ist unzumutbar, daß mann frau direkt bezahlt, wenn mann sie kauft zum liebemachen. -
- wir fordern verhandlung von mann zu mann mit zentralem bonverkauf.
- schärfere porno-gewalt-filme.

BERUF UND AUSBILDUNG
- stärkung und ausbau der wesentlichen rolle des ernährers bei vergabe und bezahlung von arbeitsplätzen.
- absicherung der führungspositionen in allen gesellschaftlichen bereichen.
- keine ausbildung in frauenspezifischen fächern.
- manifestierung der geschlechtsspezifischen lohngruppen.
- umwandlung und gesellschaftliche anerkennung des zuhälterberufsstandes zum sexualhygieniker.

MÄNNERFREIHEIT UND -ABENTEUER
wir als ernährer brauchen natürlich entsprechend viel freizeit und dazu die nötigen anregungen:
- erhalt und ausbau der dezentralen steh- und eckkneipen.
- unterstützung der bi "macht die maß voll".
- am wochenende durchgehendes fernsehprogramm mit schwerpunkt auf sportberichte.
- nulltarif für die fahrten zu sportveranstaltungen.
- ausbau der naherholungsgebiete mit zubringernetz bestehend aus abenteuerautobahnen nach verhaltenstherapeutischen gesichtspunkten gestaltet:
  - abwechslungsreiche rennstrecke mit hindernissen aller art, wie:
  - unerwartete bezahlte geisterfahrer.
  - zünftige staus, unbeschränkter wildwechsel.
  - billiger alkoholausschank an allen raststätten.
- jogging- und trimmdich-pfade, dazu ausreichende medizinische betreuung durch abhängige nothilfedienste in fremdverwaltung.
- übungsmöglichkeiten des männlichen nachwuchses im wohnbereich.

HAUSHALT UND FAMILIE
volle durchtechnisierung des haushaltes, damit unsere frauen abends nicht so schlaff sind.
für unsere hilfe im haushalt:
- autowaschanlage und reparaturplatz in den wohnanlagen.
- einmal in der woche tragen wir den müll weg. dazu fordern wir müllschlucker auf jeder etage.
- unser bier holen wir uns jetzt selbst aus dem kühlschrank. dazu fordern wir entsprechend große kühlfächer für getränke. der rollende kühlschrank.
- geräuscharmes knabbergebäck in knisterfreier verpackung sind für den männlichen fernsehkomfort unverzichtbar.
- während die mutter die kinder ins bett bringt, muß mann sich die nachrichten ansehen, damit die familie intellektuell nicht verkommt.
- einen kinderfreien sonntag im monat für alle familienoberhäupter.
- steuernachlaß für die haltung von putzfrauen für alleinstehende männer.
- männerhäuser für verunsicherte männer, die an emanzen oder gar feministinnen geraten sind zum wiederaufbau des kaputten selbst.

gaby m. werth
sabine csampai-boettge
agnes hansen

Ilona Vollmar-Maek

»Die trotzige Kollegin«

Wie kommt frau zu den Grünen?

Mein Interesse am Zeitungsmachen ließ mich an der Redaktion einer grünen Monatszeitung teilnehmen. So bekam ich Einblick in das Geschehen im Kreisverband der GRÜNEN in Düsseldorf. Freundschaften und Feindschaften wurden aufgebaut. Die allgemeinen Parteiversammlungen erschienen mir zuerst undurchschaubar, die Thematik nichtssagend, Kleinkram wurde künstlich zum wichtigen Thema aufgeblasen. Das meiste hätte in Minuten erledigt werden können oder wegen der Unwichtigkeit gar nicht vor so viele Leute gehört.

Konkreter waren da schon die Redaktionsarbeit, die Arbeitsgruppe und die Diskussionen in kleinerem Kreis, auf einer Fete, in der Kneipe, auf dem Flur.

Es dominierten die Männer. Das änderte sich jedoch, als die Kommunalwahlen für Nordrhein-Westfalen im September 1984 auf uns zukamen. Ermuntert durch den »Frauenputsch« der GRÜNEN im Bundestag, schritten auch wir zur Tat und beschlossen die Mindestparität auf der Liste für den Stadtrat. Dieser Beschluß wurde natürlich auf der Ebene der »progressiven Theorie« von allen Männern für gut befunden, in persönlichen Gesprächen waren sie jedoch »kritisch«, denn man kannte die Qualitäten der Kandidatinnen, die von der Initiative »Düsseldorfer Frauen ins Rathaus« aufgestellt wurde, nicht. Insgeheim wurde die Kompetenz der Frauen angezweifelt. Daß eine Frau deshalb von Frauen delegiert worden ist, weil sie Kompetenzen hat, dieser Gedanke lag den meisten Männern fern. Die Parität wäre wohl ohnehin graue Theorie geblieben, wenn es nicht diese Fraueninitiative gegeben hätte, die die Frauen ermunterte, parlamentarisch mitzumischen. Die heimlichen Vorwürfe der Parteimänner an die Frauen waren: wir haben die Partei so mühselig aufgebaut, »und jetzt kommen die Weiber daher und setzen sich ins gemachte Nest.« Schließlich ging es um die Verteilung von Posten und Macht, sozusagen um die Ernte.

Um den Frauen gleich den Einstieg in die »mühselige« Parteiarbeit zu vermiesen, veranstalteten die Männer tagelange umständliche Diskussionen über einen Wahlmodus. Die Streitereien um ihn sollten den Weg bahnen bzw. blockieren.

Schließlich war es so weit: die Wahlen in Nordrhein-Westfalen hatten stattgefunden, wir zogen mit vier Frauen und vier Männern ins Rathaus ein.

Jetzt wurden die Diskussionen um politisch relevantere Themen geführt: die Positionen der anderen Parteien, über das Tun der GRÜNEN im Bundestag. Jetzt standen wir im Licht der Öffentlichkeit, sahen uns herausgefordert und auch überfordert. Der Mangel unserer Parteiversammlungen, nämlich lediglich lange Diskussionen über Fragen zu führen wie z.B., wer Briefe öffnen darf, aus dem Mißverständnis heraus, das sei Demokratie, wurde deutlich. Relevante Themen, z.B. wie wir uns Frauenpolitik vorstellen, blieben unangesprochen, weil eine möglicherweise emotionell geführte kontroverse Auseinandersetzung damit hätte verbunden sein können. Viele Sitzungen hindurch frönten wir dem Ideal von politischer Auseinandersetzung, einer von Regungen freien, streng an der Sache orientierten Diskussion — einem männlichen Ideal von Politik. Ergebnis: eine oft langweilige und stumpfsinnige Diskussion über eine völlig belanglose Sache.

Die ersten Vorwürfe aus der Basis wurden wach, die Ratsfraktion hebe ab. Nicht ganz unberechtigt, da wir durch die neuen Aufgaben weniger Zeit für Partei und Freunde hatten. Es gab plötzlich so viele Ämter, von deren Existenz wir vorher noch nie erfahren hatten, die wir nun alle besetzen mußten.

Bei diesen Anfangsschwierigkeiten spitzte eine Frau die Situation dramatisch zu, nämlich ich. Das hatte folgende Vorgeschichte: Das Wahlergebnis brachte uns in die Situation, bei einem Zusammengehen mit der SPD mit einer Stimme die Mehrheit im Stadtrat stellen zu können. Bisher hatte die CDU den Oberbürgermeister gestellt, nun hätte die SPD ihren Mann an die Spitze stellen können, vorausgesetzt die GRÜNEN machten mit. Vor der Kommunalwahl war ein Arbeitskreis zum Thema SPD und GRÜNE mangels Beteiligung in den Anfängen stecken geblieben. Nach der Wahl war das Interesse an dieser Thematik wesentlich größer. Mit der SPD gab es keine konkreten Absprachen über den möglichen Preis für unsere Stimmen bei der Wahl des Oberbürgermeisters. Die Frauen wollten keinen Schacher um Stimmen und Posten. In der Fraktion wurde kontrovers diskutiert, z.B. wurde argumentiert, daß die SPD sofort mit uns Werbung mache, sie habe DIE GRÜNEN als

Düsseldorf: Oberbürgermeister aus der Los-Urne

Eine Ratsfrau wird zum Rätsel

Wie die Grüne Ilona Vollmar-Maek durch die hartnäckige Weigerung, ein Votum abzugeben, die Wahl der Stadtspitze zu einem Glücksspiel macht

Von unserem Redaktionsmitglied Gerd Kröncke

Düsseldorf, 19. Oktober

Für einen Augenblick, irgendwann in den letzten Tagen, war in der SPD-Fraktion des Düsseldorfer Rathauses einmal kurz der Gedanke an das israelische Modell aufgekommen: Wie wäre es, wenn die beiden Kontrahenten um den Oberbürgermeister-Sessel, der Sozialdemokrat Klaus Bungert und der Christdemokrat Josef Kürten, sich wie Schimon Peres und Yitzhak Schamir die Legislaturperiode teilen würden? Jeder könnte dann zweieinhalb Jahre in der Landeshauptstadt am Rhein amtieren. Aber die Idee ist dann doch nicht weiter verfolgt worden. „Das war wirklich ganz schnell wieder weg", sagt Klaus Bungert. Düsseldorf ist eben nicht Dormagen; dort nämlich haben sich die beiden großen Parteien auf eine Bürgermeister-Rotation eingelassen. So wurde das Amt ausgelost, weil ein Patt herrschte: Beide Kandidaten hatten 41 Stimmen; eine Ratsfrau enthielt sich. So etwas gab es noch nicht in einer bundesdeutschen Großstadt.

Bis zu diesem Zeitpunkt war die Grüne Ilona Vollmar-Maek, 39 Jahre alt, geschiedene Mutter einer Tochter, der wichtigste Mensch unter den 83 Mitgliedern des neugewählten Stadtrats, da doch jedermann wußte, daß ihr die ganze Aufregung zu verdanken war. Morgens hatte Frau Vollmar-Maek, die in Leverkusen vietnamesische Kinder in Deutsch unterrichtet, noch Schule gehabt, aber dann hatte sie einen Kollegen gebeten, sie für den Rest des Tages zu vertreten, um Bungert und Kürten beträchtlich zuzusetzen.

Turbulente Szenen

Dazu muß man wissen, daß die Union und die Liberalen über 41 Stimmen, die Sozialdemokraten und die Grünen zusammen über 42 Sitze im Düsseldorfer Stadtrat verfügen und daß den Grünen sehr daran gelegen war, den bisherigen christdemokratischen Oberbürgermeister Josef Kürten abzulösen. Es wäre vielleicht manches an der Haltung von Ilona Vollmar-Maek einsichtiger gewesen für die Grünen, hätte sie nicht nach einer ersten Zusammenkunft ihrer Fraktion im Düsseldorfer Stadtparlament am Tag nach der Kommunalwahl ein ZDF-Interview gegeben, das ihre Parteifreunde natürlich alle gehört haben und dessen ausgeschriebener Text bei den Grünen kursiert. Ob es denn schon eine Aussage über das Stimmverhalten bei der Bürgermeisterwahl gebe, hatte sie der Reporter gefragt. „Nein", hatte die Ratsfrau geantwortet, „das können wir auch nicht. Das läuft über die Mitgliederversammlung. Wir können nicht als Ratsfraktion Dinge entscheiden, die nicht über die Basis gelaufen sind."

Nun gut. Es war eher Zufall, daß Ilona Vollmar-Maek den Diskussionsstand der Fraktion für die Öffentlichkeit zusammengefaßt hatte; schon vor ihr hatte ein anderer Ratsherr der Grünen es ähnlich vor der Kamera formuliert, nur waren die Leute vom Fernsehen mit der Aufnahme nicht zufrieden. Und weil keiner sonst aus der acht Köpfe starken Fraktion der Grünen gerade Lust hatte, mußte Frau Vollmer-Maek ihr Statement abgeben. Zu dem Zeitpunkt dachte sie auch noch so wie die Basis, nämlich daß Klaus Bungert anstelle von Josef Kürten zum Oberbürgermeister gewählt werden müsse.

Unglücklicherweise änderte sie ihre Ansicht bis zur folgenden Fraktionssitzung, für manchen rational nicht zu begreifen. Jedenfalls erklärte die Ratsfrau plötzlich kategorisch auf der nächsten Fraktionssitzung, sie werde auf keinen Fall für einen Sozialdemokraten stimmen. Dabei blieb sie und damit basta.

Ihre endgültige Entscheidung wurde klar auf einem turbulenten Mitgliedertreffen des Kreisverbandes der Grünen im Versammlungsraum der Düsseldorfer Evangelischen Studentengemeinde am Abend vor der Ratssitzung. „Die sollen sich doch ihren Oberbürgermeister aus dem Hut zaubern", sagte Ilona Vollmar-Maek an diesem Abend, da sich alle den Losentscheid nur mit einem Zylinder vorstellen wollten. In Wirklichkeit zieht dann tags darauf der Alterspräsident des Rates das Los, zwei in Plastikröhrchen gerollte Zettel, aus einer Wahlurne.

Ilona Vollmar-Maek ist eine kleine Person, und da wir sie nur von diesen auch für sie dramatischen zwei Tagen her kennen, ist sie uns erst einmal als ein geplagter, unfröhlicher Mensch in Erinnerung geblieben. Sie versuchte beim Mitgliedertreffen kühl zu bleiben, um deutlich zu machen, daß sie sich von nichts und niemandem umstimmen lassen werde, aber es blieb eine aufgesetzte Gelassenheit. Die meisten von denen, die sie überzeugen wollten, richteten ihr Wort nicht eigentlich an sie, sondern an die Menschen aus dem Umfeld der „Freien Europäischen Universität", eines Zusammenschlusses von Freunden des Düsseldorfers Joseph Beuys. Der Grüne Dieter Reichardt, ebenfalls Ratsherr, gab seinem Gefühl Ausdruck, daß Ilona von diesem Freundeskreis möglicherweise „umgedreht" worden war: „Das hat für mich nahezu klinische Elemente." Einmal, als er Ilona wieder attackiert hatte, sprang diese auf, stand geduckt vor ihm und schrie, die Schultern hochgezogen: „Du bist doch bescheuert!" und „Hör mal zu, ich bin doch keine Figur in einem Schachspiel, ich mache das nicht mit."

Was haben sie nicht alles versucht, sie umzustimmen? Sie seien sich doch einig gewesen, „keinen von diesen Pappnasen" zu wählen – womit bisherige christdemokratische Oberbürgermeister und dessen freidemokratischer 2. Stellvertreter gemeint waren. „Ilona, was machst du?", fragte der erste künftige Nachrücker: „Auch Nichtwählen ist Unterstützung."

Am nächsten Tag, am Tag der Bürgermeisterwahl, ist Ilona sehr einsam, wie sie dasitzt und wie sich immer wieder die Kameras und Mikrophone auf sie richten. Auf der Bankreihe unmittelbar neben ihr reicht ihr die Sozialdemokratin Marie-Luise Smeets mal zwei Gummibärchen herüber, aber die beiden Frauen sprechen nicht miteinander. Frau Smeets nämlich möchte gern den ungeliebten 2. Bürgermeister von der FDP ablösen, und Frau Vollmar-Maek könnte das mit einem schlichten Kreuz möglich machen. Aber als sie zur Wahl aufgerufen wird, scheint es, als wolle sie nicht einmal geheim wählen. Sie nimmt den Wahlzettel entgegen, faltet ihn, steckt ihn in dem Umschlag und geht zur Urne, ohne hinter der Wahlkabine stehen zu bleiben. Als das erste Patt – 41 zu 41 – verkündet wird, lachen ihre Freunde noch, auch noch beim zweiten Wahlgang. Und als das Los gezogen wird – Josef Kürten verfolgt es starr, Klaus Bungert mahlt mit den Zähnen, als kaue er selber Gummibärchen –, fallen sich die Grünen um den Hals. Nur Ilona bleibt ohne die Spur eines Lächelns; nein, sie ist nicht erleichtert, daß das Los so gefallen ist, nur „daß ich meine Meinung vertreten habe, das erleichtert mich". Und die wird sie nicht ändern, auch nicht bei der anschließenden Wahl des 2. Stellvertreters des Bürgermeisters.

Da geht es nun nicht mehr um CDU, SPD oder FDP allein, sondern auch um Frau oder Mann. Schließlich will Marie-Luise Smeets das Amt. „Das darfst du echt nicht machen", sagt der Grüne Hans Wabbel, der unmittelbar neben Ilona Vollmar-Maek sitzt, „mit Männern kannst du so umgehen, aber nicht mit Frauen, da hast du kein Recht zu." Und Ulrike Schwarz, die vorhin noch Ilona Vollmar-Maek in den Arm genommen hat und am liebsten genauso wie diese gestimmt hätte („Ich bin leider ein feiges Schwein und wähle den Bungert, so leid es mir tut"), redet verzweifelt auf die junge Frau ein, diesmal sich nicht der Stimme zu enthalten.

Starr vor Schreck

In einer Sitzungspause scheint es so, als sei Ilona Vollmar-Maek überzeugt worden. „Wenn ihr das alle meint", soll sie gesagt haben, „dann wähl' ich die eben." Aber daraus wird nichts. Tatsächlich verharrt sie einen Moment länger hinter der Sichtblende des Wahltisches, als mache sie wirklich ein Kreuz, aber beim Auszählen stellt sich wieder ein Patt heraus. Als das Los dann, zweimal kann man nicht Glück haben, auf Bruno Recht fällt – der selbst manchen eigenen Leuten so wenig behagt, daß eine FDP-Dame auf ihr Mandat verzichtete, um ihn nicht wählen zu müssen –, da sitzen die Grünen starr vor Schreck.

Höhnisch dankend, winkt Josef Kürten herüber, die auf der Rechten des Hauses sind ganz aus dem Häuschen. Keiner der Grünen redet mehr mit Ilona Vollmar-Maek; nur empörte Sozialdemokratinnen stürmen auf sie ein. „Wir linken Frauen", ruft Claudia Nell-Paul der Ratskollegin zu, „haben es so schwer gegen die CDU-Tanten. Das ist gar nicht wiedergutzumachen, was du getan hast." Und Gertrud Lingen, eine ältere Genossin, will Ilonas Verhalten in der Friedensbewegung diskutieren: „Und du willst neben mir in der Menschenkette stehen?"

Hinterher sitzen die Grünen, ohne ihre Dissidentin, noch kurz und traurig in der Altstadt zusammen. Sie sind sich nicht mehr sicher, ob sie die trotzige Kollegin noch ertragen können; eigentlich wollen sie nicht mehr. Ilona Vollmar-Maek wird auf der nächsten Mitgliederversammlung aufgefordert werden, ihr Mandat zurückzugeben.

(Süddeutsche Zeitung, 22. Oktober 1984)

linken Flügel schon integriert. Wieder sollten wir auf den alten Slogan hereinfallen, mit der SPD das »kleinere Übel« zu wählen.

Wir waren uns uneinig. Erfahrungen anderer Grüner aus Stadträten und Bundestag signalisierten uns: die SPD wird in wesentlichen Fragen immer gegen uns und mit der CDU stimmen.

Nach dem Wahlkampf der Machtkampf

Mein Entschluß stand fest: ich werde den SPD-Oberbürgermeister nicht wählen. Unterstützt von einigen Grünen vertrat ich meine Position öffentlich. Die anderen Fraktionsmitglieder reagierten ablehnend oder opportunistisch, d.h. sie dachten wie ich, mochten aber daraus im Handeln keine Konsequenzen ziehen. Plötzlich wurde ein Werbefeldzug für die SPD veranstaltet — von den GRÜNEN. Der SPD-Oberbürgermeisterkandidat ermahnte ein grünes Ratsmitglied: »Bringt erst mal eure Mannschaft auf Vordermann!« Der Vergleich zwischen einer Parteifraktion und dem Militär drängte sich auf: sollten wir auf einem Kasernenhof gelandet sein und nun geschlossen in Reih und Glied antreten? Wenn ich nicht wählen würde, dann gäbe es ein Patt, und der Oberbürgermeister müßte ausgelost werden. Eine für die Kandidaten so unwürdige Situation mache der SPD-Kanditat nicht mit, flüsterte mir ein SPDler zu.

Die Zeitungen und das Fernsehen wurden aufmerksam.

Die Mitgliederversammlungen zogen vor und nach der Wahl die Medien und viele Grüne und Nichtgrüne an. Das Thema

---

Mitarbeiterversammlung bei den Grünen

Brücke von der Basis zur Fraktion

Ilona Vollmar-Maek bleibt weiter im Rat

Mehr mit sich selbst als mit politischen Problemen hatten die Grünen auf ihrer ersten Mitarbeiterversammlung nach der Wahl des Oberbürgermeisters zu kämpfen. Dabei ging das Thema, das vorher für die meiste Aufregung gesorgt hatte, relativ glatt über die Bühne: Ilona Vollmar-Maek bleibt Mitglied der Ratsfraktion. Eine Stadtteilgruppe, die ihren Rücktritt verlangt hatte, zog den Antrag vor der Sitzung zurück.

Unerwartete Schützenhilfe bekam die Politikerin von der Initiative „Frauen ins Rathaus" und ihrer Sprecherin Marit von Ahlefeld: „Wir grünen Frauen lassen uns nicht auseinanderdividieren. Marlies Smeets sehen wir als Alibifrau der SPD. Sie hat in den letzten fünf Jahren noch kein besonderes Engagement für Düsseldorfs Frauen bewiesen." Ilona Vollmar-Maek erklärte, sie wolle in Sachfragen mit ihrer Fraktion zusammenarbeiten, sich aber nicht zu sehr auf die SPD verlassen: „Wir Grünen müssen uns alle Möglichkeiten offenhalten."

Daß der Zorn ihrer Gegner damit keineswegs verraucht war, zeigte die anschließende Diskussion über die künftige Zusammenarbeit von Kreispartei und Ratsfraktion. Persönliche Angriffe nahmen allemal mehr Raum ein als sachliche Vorschläge. Schließlich einigte man sich aber doch mit großer Mehrheit auf eine gemeinsame Basis: Der Kreisverband soll über alle im Rat laufenden wichtigen Sach- und Personalentscheidungen so rechtzeitig informiert werden, daß die Mitarbeiterversammlung darüber abstimmen kann. Dieses Votum ist dann maßgeblich für die Fraktion, selbst wenn, wie die Erfahrung zeigt, in letzter Konsequenz die Ratsmitglieder eigenständig entscheiden. **til**

(Westdeutsche Zeitung, 26. Oktober 1984)

Fraktionszwang stand an. Völlig unhinterfragte Verhaltensweisen, vorgeführt von den anderen Parteien, wurden als Selbstverständlichkeit vorausgesetzt. Jeder Mandatsträger berief sich, entsprechend seiner Interessenlage, auf »seine« Basis.

So entschied schließlich das Los über die Verteilung der Ämter von Oberbürgermeister und Bürgermeister.

Nach der Wahl wurde erneut von meinen Fraktionskollegen meine Mandatsrückgabe gefordert, was von der Mehrheit aber wie schon vor der Wahl abgelehnt wurde.

Die Frauen waren solidarisch und wehrten eine Mandatsrückgabe ab, denn eine solche Disziplinierung bedeutete auch für sie »vorausschauenden Gehorsam«, Zwang zur Konformität — auch innerhalb der GRÜNEN. Dieser Parteizwang beträfe in unerträglicher Weise auch die Frauen aus den Initiativen, die keine Mitgliederinnen sind, sondern lediglich auf der grünoffenen Liste kandidiert hatten.

Und was noch?

Die ersten Wogen haben sich geglättert, der politische Alltag beginnt. Das heißt, die Frauen aller Parteien beginnen einen Streit über die Modalitäten einer einzurichtenden Frauen-Gleichstellungsstelle, die hauptsächlich von der SPD und den GRÜNEN gewollt wird, eine FDP-Politikerin, am Projekt nicht beteiligt, redet abfällig von einer »Gleichschaltungsstelle«, eine aktive Nachrückerin aus der Fraueninitiative hat keine Lust mehr auf dieses Projekt, das unsere erste Lektion zum Thema »Bürokratismus« darstellt. Ein rechthaberisches Spezialistentum schiebt sich in den Vordergrund und verschleiert den gleichzeitig stattfindenden unerbittlichen Konkurrenzkampf. Jede und vor allem jeder hat eine bessere Idee, wie so eine Stelle einzurichten sei.

Ansonsten benehmen sich die anderen Parteien wie Familien, die nach außen ein geschlossenes Bild abgeben, nur hier und da blitzen Unebenheiten auf. Aber schockierend findet man es, wenn bei den GRÜNEN in einer Sache in einem Ausschuß einer dafür ist, ein anderer aber dagegen abstimmt. Der heimliche Lehrer, die anderen Parteien, wirkt stark und verlangt Einheitlichkeit, Ordnung, Disziplin auf Kosten einer lebendigen Auseinandersetzung.

Politischer Alltag ist Streit der Ratsfraktionsmänner, den

wir Frauen mit Kompromißvorschlägen schlichten. Wir haben schon überlegt, stattdessen in einem anderen Raum einen Kaffeeklatsch zu machen.

Die grünen Ratsfrauen in Düsseldorf (Ilona Vollmar-Maek, links stehend / Ingrid Landau, rechts stehend, Fraktionsvorsitzende / Ulrike Schwarz, links sitzend / Marit von Ahlefeld, rechts sitzend) *Foto: Horn*

Ausblick

Kaum sind wir im Rat, wird uns von den alteingesessenen parlamentarischen Autoritäten die »Realität« vorgehalten. Diese verwandeln durch terminologische Kunststücke die einfachsten Fragen der Welt in undurchschaubare Geheimnisse, die Wirklichkeit, die sie mitteilen, ist: alles läuft, wie es läuft, Verträge sind schon lange abgeschlossen, die GRÜNEN sind eine Minderheit und können ohnehin nichts ausrichten, macht also mit bei uns, verrichtet die parlamentarische Arbeit mit Liebe, sie erfordert ernstes Einarbeiten und unentwegte Erweiterung der Sachkenntnis.

So reagieren wir bloß noch auf vorgefundene, uns aufgedrängte Inhalte, die wahllos auftauchen und ebenso wieder verschwinden. Diese Perspektive müssen wir umkehren, aufhören, alles mit den Augen der anderen Parteien zu sehen, mit den Augen der Verwaltung. Wir müssen uns selbst zum Ausgangspunkt nehmen, auf unsere Subjektivität aufbauen. Denn die eigene Kreativität leitet, so armselig sie auch entwickelt sein mag, sicherer als alle aufgezwungenen Kenntnisse. *Dabei kann es möglich werden, daß wir als Verlierer gewinnen.* Lebensbejahende Vorstellungen mögen vielleicht heute überstimmt werden, sie werden jedoch jeden und jede einzeln weiterbeschäftigen. Dazu gehören selbstbestimmte Projekte, der sorgsame Umgang miteinander wie mit der Natur, die Abschaffung von Krieg und Waffen und die Überlegung, wie jede/r einzelne sich ein glückliches Leben vorstellt. Danach sollten wir unsere parlamentarische Arbeit ausrichten.

Regina Michalik

Ohne uns läuft nichts

Grüne Frauenpolitik — gibt's die überhaupt? Eine ketzerische Frage. Natürlich! Steht doch im Programm! Und grüne Frauen, die Politik machen, gibt es doch schließlich auch. »Alle reden von Frauenpolitik — bei uns machen Frauen Politik« — so war der Wahlspruch der NRW-Grünen-Frauen. Und das stimmt. Die quotierte Hälfte ist zwar nicht die Hälfte der Partei, sondern nur 30 Prozent — aber immerhin: bei den GRÜNEN gibt es die Parität auf den meisten Landes- und Kommunallisten, in vielen Landes- und Kreisvorständen, bis zur Rotation gab es sie im Bundestag. Ohne den Streit, was nun Frauenpolitik sei (Politik von/für Frauen, vom Frauenstandpunkt, im Interesse von Frauen, feministisch oder wie auch immer), durch eine klare knackige Formulierung beleben zu wollen, möchte ich behaupten — und wer gäbe mir da nicht recht — daß Frauenpolitik zumindest *mehr* ist als lediglich Politik von Frauen. Ich möchte dieses *mehr* am Beispiel der Bundespolitik, besonders der Politik im Bundestag versuchen zu verfolgen. Nicht zuletzt deshalb, weil bundespolitische Ereignisse wie die Wahl des Frauenvorstandes der Bundestagsfraktion die Frauenpolitik der GRÜNEN ins Gerede bzw. in die Zeitungen brachten, ja weil diese zumeist in der Öffentlichkeit mit grüner Frauenpolitik identifiziert werden. Nein, kein neuer Artikel zum alten Vorstand, sondern ein Stückchen Geschichtsschreibung über den jetzt zwei Jahre alten Arbeitskreis Frauenpolitik.

Frauen-Power im Parlament

Mit viel Frauen-Power zogen die GRÜNEN im März 1985 in den Bundestag ein: 14 von 28 Abgeordneten waren weiblich, nicht unbedingt frauenbewegt, und erst recht nicht unbedingt feministisch. Aber sie fielen auf in diesem Bollwerk der Patriarchen: Schwalbenschwanz-Männer, Krawatten-Männer, Polit-Männer, Pinguin-Männer, Kopier-Männer, Polizei-Männer, Boten-Männer, Presse-Männer. Selbst in ihrer eigenen Fraktion be-herrschten die Geschäftsführer, Pressesprecher und Sekretärinnen das Bild. Der Kampf um einen Frauenausschuß im Bundestag neben dem Innen-, Außen-, Finanz- etc. Ausschuß scheiterte sofort, der um einen Arbeitskreis in der Fraktion neben dem Wirtschafts-, Sozial-, Rechts-, Ökologie- und Abrüstungs-Arbeitskreis scheitert meiner Meinung nach schleichend bis heute.

Frauenpolitik in der Fraktion war und ist eine Verwaltung des Mangels, ein Abwehrkampf. Frauen im Arbeitskreis Frauenpolitik sind so etwas wie »Hinzuverdienerinnen«; es klingt so harmlos, ist aber harte Knochenarbeit. Jedes weibliche Fraktionsmitglied (MdBs wie Nach/Wegrückerinnen) und jede Mitarbeiterin ist zunächst einem der fünf ersten AKs zugeordnet. Hierhin fließt das Geld der sogenannten Abgeordnetentöpfe, die Hauptarbeitszeit. Termine des AK 6 finden *nach* den Sitzungen der AKs 1-5 statt, *nach* der Arbeit für die anderen AKs. In hartem Kampf bekam der AK 6 zwei Stellen genehmigt — die andern AKs haben jeweils ca. acht Stellen, plus vier bis sechs zugeordnete Nach/Wegrückerinnen. Mit diesen zwei Stellen erhöhte sich jedoch auch die Nachfrage: Stellungnahmen zu Arbeiten der anderen AKs, haufenweise Anfragen von außen, von Journalistinnen, Examensschreiberinnen, Geldsuchenden etc. Die drei Koordinationsfrauen (zwei Stellen) wühlen sich durch Organisationsberge, reagieren auf die schlimmsten Vorkommnisse von innerhalb und außerhalb der Fraktion. Konzept entwickeln? Ein Thema gründlich ausdiskutieren? Langfristige Strategieplanung? Dazu ist keine Zeit und Kraft mehr da. Frau ist froh, wenn sie bei »Frauenthemen« eine Abgeordnete findet, die die Rede im Parlament hält, und diese Rede dann auch noch gut ist. Wenn die größten Schweinereien verhindert werden und der AK selbst darüber hinaus vielleicht noch eine kleine oder große Anfrage startet, einen kleineren Gesetz-Entwurf auswirft. Nichts gegen die Arbeit aller beteiligten Frauen! Ein dickes Lob für ihre Energie und ihren Einsatz. Aber ist das alles an Mehr von Frauenpolitik?

Ein elender Abwehrkampf

Grüne Frauenpolitik verkommt zum bloßen Abwehrkampf, bloßen Nicht-Wollen, Sich-Gegen-Wehren, bestenfalls zum Wir-Wollen-Zusätzlich-Noch. Ob es der Kampf des Arbeitskreises Frauenpolitik in der Bundestagsfraktion um eine halbe Stelle mehr ist, die Forderung der Bundesfrauen-AG nach einer

Frau in der Europawahlkampfkommission oder die Ergänzung der Anträge zu grünen Perspektiven auf dem Parteitag in Hagen um einen Punkt »Frauen«. Wir arbeiten uns ab an den Programmaussagen der verschiedenen BAGs (sei es, weil wir den Ausdruck »Arbeitslosigkeit« für erwerbslose Frauen falsch finden oder weil uns beispielsweise ein Abschnitt zu Ausländerinnen fehlt), an den Anträgen der verschiedenen Flügel und Grüppchen, immer in verschiedenen Gruppen gleichzeitig, denn überall ist Not an der Frau. Während wir erfolgreich die Parität der Landesliste NRW zu erfüllen suchten, wurde der Landesvorstand zum fast-reinen Männervorstand. Während wir auf der BDK versuchten, in einem Kompromißantrag unsere frauenpolitischen Forderungen einzubauen, wird unser eigener Antrag ohne uns von der Versammlung abgelehnt. (Frauen)-Politik findet überall statt — nur wir können nicht überall sein. Damit niemand an uns vorbei und über uns hinwegprescht, hecheln wir allen und allem hinterher, mit starrem Blick auf den Verfolgten, wobei wir das Ziel oft aus den Augen verlieren. Haben wir dann erfolgreich etwas verhindert, so fehlt die Zeit, selbst etwas konstruktiv zu schaffen. Haben wir etwas durchgesetzt (eine zusätzliche Person, eine zusätzliche Broschüre), so haben wir Schwierigkeiten, dieses Zusätzliche wahrzunehmen.

Diese Kennzeichen des Abwehrkampfes zeigen sich auch in den programmatischen Vorstellungen grüner Frauenpolitik. Frauenprogramme lesen sich wie ein *Querschnitt* durch alle sonstigen (Wirtschafts-, sozialpolitischen, Friedens- etc.) Programme, sehen aus wie eine Liste dessen, was die andern alles vergessen haben. Nicht, daß es nicht in jedem Bereich von Politik frauenpolitische Forderungen gäbe; »Frauenpolitik umfaßt alle Bereiche«, »ist ein Gesamtkonzept«, ein »ganzheitlicher Ansatz«, wie wir immer selbst so schön sagen. Stattdessen lassen wir uns und unsere Programme aber genauso zerstückeln wie Grüne Programmatik zerstückelt erscheint. Kein Wunder, denn wir reagieren ja auf das, was die andern GRÜNEN uns bieten, gegen das wir uns wehren können.

Es ist eine grüne Krankheit — oder eine gesellschaftliche — daß Realität in verschiedene Teilbereiche aufgeteilt wird und diese wiederum, zum Gegenstand von Politik gemacht, mit Hilfe von Einzelforderungen verändert werden sollen. Durchaus kein Phänomen von Parteien, auch eins von sozialen Bewegungen, die doch immer noch als Standbein oder Ursprung,

Kraftquelle und was auch immer der GRÜNEN gelten. Da sind Tausende von Menschen über Abwehrkämpfe politisiert worden: gegen die Schnellstraße vor dem Schlafzimmer, gegen die Mülldeponie hinterm Haus, gegen die Autobahn oder das AKW vor der Stadt, die Mittelstreckenraketen an der Landesgrenze. Gegen die Verkürzung der Rente, die Streichung der Sozialhilfe, des Schülerbafögs etc. Die Forderungen »für« sind meist für den Erhalt (von Parks, Häusern, Bäumen etc.), also wiederum gegen das Abholzen, den Abriß etc. Etwas anders war es bei der Frauenbewegung: zwar waren auch hier die Forderungen *gegen* Gewalt, *gegen* den § 218, *für* Frauengesundheitszentren und Frauenhäuser (also *gegen* Männergewalt) im öffentlichen Auftreten bestimmend; der Reiz oder die Attraktivität der Frauenbewegung jedoch bestand im Schaffen von etwas anderem: im Aufbau von Frauenzentren, Frauengruppen, Frauenfesten, in einer anderen Kultur im Sinne eines herrschaftsfreieren, gewaltfreieren, lustvolleren Lebensraumes. Hierin lagen der Reiz und die Kraftquelle für Frauenpolitik; gleichzeitig aber auch die Gefahr des Sich-Raus-Ziehens, Nicht-Mehr-Teilnehmens am andern Leben, an dem, was als Politik galt und gilt. Leben in Frauengruppen war und ist ein Stückchen gelebte, konkrete Utopie, ein Stück mehr Ganzheitlichkeit, Verbindung von Politik und Privatheit, von Kampf gegen und Leben für.

Was für große Teile der Frauenbewegung heute gilt, gilt meiner Meinung nach erst recht für Grüne Frauen: diese hier beschriebene Ganzheitlichkeit geht immer mehr verloren. Frauenprojekte sind gescheitert oder leben isoliert voneinander vor sich her. Wir haben unsere Bewegung in »Magiefrauen« und »Politfrauen« spalten lassen, in »Projektfrauen« und »Karrierefrauen«, in »autonome« und »Parteifrauen«. Und fast jede einzelne ist selbst noch mal gespalten: die Politfunktionärin und Feierabendlesbe oder die Workshop-Magierin; die autonome Projektfrau, die dann alle zwei bis drei Jahre wählen geht und über die Parteien schimpft. Die grüne Frau, die ab und zu, je nach Publikum, sich als autonome bezeichnet, in guten Zeiten neben der Sonnenblume die Doppelaxt trägt. Grüne Frauenpolitik ist nicht zuletzt auch deshalb so anstrengend bzw. unattraktiv, weil wir es nicht schaffen, diese Ganzheitlichkeit herzustellen; über Gewalt gegen Frauen reden und gleichzeitig uns Gewalt antun. Gegen die Ausbeutung von Frauen und unbezahlter Arbeit sein, und uns selbst ganz extrem ausbeuten. Gegen die Diskriminierung von Minderheiten, Ausgrenzung von Andersdenkenden und -lebenden, bei uns aber nur die eine »reine« Linie akzeptieren. Wie schon gesagt, ein Widerspruch grüner Politik insgesamt, aber auch gerade von Frauenpolitik. »Der Arbeitskreis Frauenpolitik? Da geh ich nicht hin. Das halt ich nicht aus, diese Giftigkeit«, eine nicht untypische Bemerkung einer der zahlreichen Fraktionsfrauen, die sich nicht zum AK 6 zugehörig fühlen. Ähnliches sagen einige Frauen über Landesfrauen-AGs oder Bundesfrauen-AG. Schon wieder ein Anspruch an Frauen, die Besseren zu sein, gute Politik zu machen und auch noch 'ne schöne Atmosphäre! Sicher, es ist ein Anspruch, der nicht leicht einzulösen ist. Aber hieran entscheidet sich ein Stück weit der Erfolg von Frauenpolitik, wenn sie nicht ein Zirkel von harten Polit-Kaderinnen sein soll.

Wenn das Opfer zur Täterin wird

Gelernt, Opfer zu sein, haben wir blendend. Fast scheint es, als hätten wir uns damit arrangiert. Abwehr, Verteidigung, Flucht sind zentrale Strategien von Frauen. Auf anderer Ebene, wo die Gewalt nicht so offensichtlich, nicht so vehement ist, ist es das Ein- und Anklagen, das Daraufhinweisen, was wir mal wie-

Der Vorstand tagt *Foto: Jansson*

der nicht bekommen haben. Nun ist es bei GRÜNEN bis zu einem bestimmten Punkt relativ leicht, etwas zu bekommen: Geld, eine Delegierte, eine paritätische Liste. Natürlich nur, sofern es den Herren nicht an die Wäsche, sprich an die Macht geht. Wenn wir Frauen nun das Gewollte erreicht haben, können wir es oft fast nicht glauben, und haben uns fast schon so darauf versteift, daß wir nicht mehr die Energie haben, es auszufüllen. Offensichtlich ist dies auch, wenn einzelne Frauen sich aus der großen Schwesternschaft herausheben, Funktionen einnehmen, hervorpreschen, aus dem Rahmen fallen, und damit dann auch noch Erfolg haben. Die Bande zur Basis, die sie ja nun vertreten sollen, auf Grund derer sie sich ja auf diese Funktion eingelassen haben, erschlaffen erschreckend schnell — und zwar nicht allein aus Zeitgründen oder wegen der Abgehobenheit der Funktionärinnen. Gerüchte und Mutmaßungen bilden noch ein loses Spinnennetz, gesponnen zunächst von einigen wenigen Frauen; aber nach und nach verstricken sich immer mehr darin. Angezogen werden die Bande dann, wenn etwas Aufregendes passiert, die Frau sich einen Fehler leistet, der geahndet werden soll. Ein kurzer Ruck, das Urteil ist getätigt und die Bande können nun endlich legitimerweise völlig reißen. Über die Gründe kann ich nur spekulieren: entscheidend scheint mir aber zu sein, daß Frauen ihren Geschlechtsgenossinnen gegenüber härter sind als gegenüber Männern. Der Anspruch an sich selbst, die Angst, die andere könnte einen Makel auf das gesamte Geschlecht werfen, aber auch das Gefühl des »Eigentlich-Nicht-Dürfens« spielt meiner Meinung nach eine Rolle. Kein Wunder: jahrhundertelang mußte die Stärke der Frauen sich darauf beschränken, gemeinsam aus gemeinsamer Unterdrückung heraus das Nichtbekommene einzuklagen.

Das Gemeinsame von Frauen ist immer noch die Position der Diskriminierten, des Opfers. Daß es darüber hinaus eine gemeinsame Stärke gibt, eine gemeinsame positive Kraft, eine »andere« Herangehensweise und Politik, wird zu wenig gesehen. Die einen geißeln solche Überlegungen gleich als biologistisch, die andern schaffen es nicht, dieses Wirken in konkrete Erfahrung umzusetzen. Es ist auch wirklich schwierig, in grünen Frauenpolitikgruppen an das gemeinsame Andere, Lustvollere, Ganzheitlichere im Sinne einer Verbindung von Kopf und Bauch, Verstand und Gefühl, Taktik und Spontaneität zu glauben. Manchmal glaube ich, das gemeinsame der Grünen

Frauen besteht nur noch darin, daß sie sich gemeinsam um die 50 % der Listenplätze streiten.

Es gibt sie also — wie dann weiter?

Es fällt mir schwer, ein »Überlebensprogramm« für Grüne Frauenpolitik zu beschreiben. Über-leben wird sie ja wohl auch, ohne daß frau viel dazu tut. Es sei denn, die GRÜNEN als Ganzes sterben. Aber dazu überlegen sich die Herren und Damen ja zur Zeit genügend Überlebenskonzepte. Mir geht es eher darum, ein paar Anmerkungen zu machen, wie Grüne Frauenpolitik lebendiger werden könnte und nicht nur überlebt. Nichts umwerfend Neues — dazu bin ich vielleicht selbst zu sehr in dieses Netz verstrickt. Aber vielleicht etwas vom »guten Alten« — besser gesagt von der guten Alten, nämlich der guten alten neuen Frauenbewegung. Frauenpolitik gibt es ja keineswegs erst, seit es die GRÜNEN gibt. So sehr treiben wir ja gar nicht im Unklaren, was unsere programmatischen und strategischen Vorstellungen angeht. Was für die GRÜNEN insgesamt gilt — daß sie sich nämlich auf ihre Herkunft, ihre Standbeine, die sozialen Bewegungen, berufen sollten — gilt auch für die grünen Frauen. *So* lang ist es ja gar nicht her, daß viele von uns in der Frauenbewegung politisch tätig waren.

» Das Private ist politisch «— Der Kernsatz der autonomen Frauenbewegung

»Stimmt«, werden viele sagen. »Aber nur, wenn es nicht parteischädigend ist, wenn ich nicht selbst betroffen bin, und wenn es auch objektiv richtig ist, wenn keine Wahl bevorsteht und auch sonst keine Sachzwänge da sind«. Alles reale Einwände von grünen Feministinnen, Fallen, in die wir täglich treten. Da sind die Durchsetzungsschwierigkeiten in Gremien und Versammlungen plötzlich »ganz persönlich«, ist das »Kinderproblem« ein privates, die Perspektivlosigkeit und der Frust ein »individueller«. Wir haben lange dafür gebraucht, zu begreifen, daß unsere Probleme mit uns selbst, mit Sexualität, Minderwertigkeitsgefühlen, Angst, Gewalt nicht unsere privaten sind, sondern gesellschaftliche. Wir können uns nicht leisten, noch mal so lange zu brauchen, bis wir das gleiche auf unsere grünen Zusammenhänge beziehen; und auch nicht so lange, unsere scheinbar so privaten Gelüste und Bedürfnisse nach Akzeptanz, angenehmer Atmosphäre, Ruhe, Geborgenheit etc. zugunsten des »Politischen« zurückzustellen — auf den Tag danach: nach der Arbeitskreissitzung, nach der Landes-, der Bundesversammlung, nach der Wahl, nach der Atombombe. Der Satz »Das Private ist politisch« scheint von GRÜNEN (auch und gerade von grünen Frauen) so interpretiert worden zu sein, daß alles Politik ist (was ja richtig ist) und daß deshalb das Private (im Sinne von das Schöne, Lustvolle) keinen Platz, keine Daseinsberechtigung mehr hat. Wie wollen wir überzeugend Frauenpolitik machen, wenn wir selbst auf andere Frauen in unserer Gestreßtheit, Desillusioniertheit, unserem Pragmatismus und unserer Eingezwängtheit in Sachzwänge nur abschreckend wirken? Abschreckung lehnen wir als GRÜNE in der Friedenspolitik doch ab, oder?

Das Private ist politisch — das heißt zum einen, daß wir grünen Frauen das scheinbar private — beispielsweise den Umgang mit grünen Männern (und Frauen) durchaus als politisch und von daher als für die Öffentlichkeit bestimmt ansehen müßten und deshalb auch unsere Arbeit, unseren Kampf um »andere« Atmosphäre, einen »anderen« Umgangsstil, eine »andere« Art von Politik als politische Arbeit begreifen sollten. Zu sehr haben wir uns den Vorstellungen von »großer« Politik angepaßt. Veränderung läuft gesamtgesellschaftlich nicht von »oben«, qua Gesetz und Programm, sondern von »unten«, über jede und jeden einzelne(n). Das heißt natürlich nicht, daß wir uns aus der »großen« Politik heraushalten sollen. Es gibt keine große Politik — es gibt nur Politik.

Lust — zentrales Prinzip von Politik

Weil das Private politisch ist, muß das Lustprinzip wieder Einzug in die Politik halten. Gerade wir Frauen haben zu gut gelernt, daß wir uns be-herrschen lassen und selbst be-herrschen müssen. Aber da wir als GRÜNE und als Feministinnen Herrschaft doch ablehnen, müßten wir doch konsequenterweise auch Selbst-Herr-schaft ablegen.

Gut, grau ist alle Theorie — in diesem Falle rosa oder lila —, wie sähe nun das Lustprinzip in der praktischen Frauenpolitik aus?

Als Beispiel möchte ich die Bundesfrauen-AG, *das* Zentralorgan für Frauenpolitik bei den GRÜNEN, anführen. Da fahren all-sechswöchentlich ca. 30 Frauen nach getaner Arbeit eines Freitagnachmittags quer durch die Bundesrepublik, durch den Dschungel des öffentlichen Fern- und Nahverkehrs, meist in irgendein grünes Hinterhoftagungsbüro. Dort harren sie dann pünktlich um 19 Uhr hungrig-hoffnungsvoll der Ihren, die gegen 21 Uhr unvollständig sich um einen Tisch versammeln. Hart gegen sich selbst auf harten Stühlen, um dann bis ca. 23 Uhr mindestens zwei Tagesordnungspunkte zu »verabschieden«. Danach verabschieden sie sich selbst, um am freien Samstag/Sonntag wieder pünktlich um 10 Uhr oder schuldbewußt unpünktlich um 11 Uhr weiterzudiskutieren. Unterbrochen nur von Kaffeepausen, in denen dann das »Private« ausgetauscht wird. Beendet wird das Ganze abends durch eine kollektive Essensgehenspause.

Solche Bundes-Frauen-AGs sollten ersatzlos gestrichen werden. Die Diskussion *muß* aggressiv werden, das Ergebnis im wahrsten Sinne des Wortes unbefriedigend. Natürlich ist Zeit Geld, und meist haben Frauen weder Zeit noch Geld. Aber gerade das ist kein Grund, Zeit und Geld nicht intensiv zu nutzen. Auch das ist »ökologische Politik«, wenn Frauen sich angenehme Tagungsorte suchen, um Politik zu machen, und dabei Raum für das scheinbar Private lassen.

Neben diesem so »privaten« Nutzen ist Lust eine effektive Form von Widerstand. Lust ist unberechenbar, unbezwingbar und letztlich un-beherrschbar. So wie die Widerstandsformen von Frauengruppen in Pfeifen, Kreischen, Schreien, Besprühen, Singen, Tanzen etc. bestanden (und bestehen?), die letztlich deshalb so wirkungsvoll waren, weil sie erstens nicht erwartet wurden, deshalb nicht berechenbar waren, und zweitens Spaß machten, und deshalb auch so motivierend wirkten, im wahrsten Sinne des Wortes ansteckend waren. So sollten Grüne Frauen auch in der »großen« Politik wieder stärker auf diese Formen zurückgreifen. Un-passende Bemerkungen über den Sexismus des Vorstandskollegen wie un-passende Fragen an Kandidaten, wie sie denn die Versorgung ihrer Kinder mit ihrem Mandat vereinbaren können, bringen die herr-schende Ordnung ebenso in Unordnung wie Gelächter und solidarisches Verlassen des Raumes. Und es macht darüber hinaus Spaß. Wir Frauen scheinen wirklich zu gut er-zogen, zu ordnungsliebend zu sein. Mit glänzenden Augen erzählen wir vielleicht am

Redepult vom Beispiel der chilenischen Frauen, die auf ihren Kochtöpfen mit Lärm Widerstand leisteten, oder träumen vom Frauenstreik; aber wir selbst würden zu diesem Zweck niemals einen Kochtopf in die Hand nehmen. Das haben wir ja »nicht nötig«. Da bauen wir in unserer Geschichte auf den Tomaten der SDS-Frauen auf, aber hätten Skrupel, selbst eine in die Hand zu nehmen, wenn wieder mal jemand, wie beispielsweise auf der niedersächsischen Landesversammlung, von »Votzenbonus« spricht. Und zwar deshalb, weil dies entweder nicht gewaltfrei oder nicht ökologisch oder nicht angemessen wäre.

Gemeinsam sind wir stark

20 000 grüne Frauen in der BRD, plus alle die ungezählten grünen Sympathisantinnen, das wäre schon eine Massenbewegung, würden sich wirklich alle Frauen in Bewegung setzen. Stattdessen setzen sie sich aufs häusliche Sofa, in Erregung über die anderen Frauen, zur Ruhe auf einen MdB-Sessel, und vor allem auseinander. Nicht daß ich meine, »wir Frauen« müßten uns alle einig sein. Natürlich gibt es auch »politische Strömungen« wie bei den GRÜNEN überhaupt: Fundas, Realas, Ölas, Feministinnen; und wie sie alle gerufen werden, so rufen sie zurück.

Aber eines haben wir doch trotz aller Unterschiede gemeinsam: ich sage es, obwohl ich weiß, daß dies als biologistisch beschimpft wird. Wir sind alle Frauen und haben als solche eine verallgemeinerbare Erfahrung in unserer Position als zusätzlich Unterdrückte, Ausgebeutete, Diskriminierte — aber auch als noch nicht ganz so Geschädigte, von unserer Natur Entfremdete. Ich möchte dies nicht begründen — wer es nicht sehen will, sieht es auch nicht — sondern nur einige Beispiele hierfür nennen. Frauen ahnen Naturzerstörung eher als Männer, wie Untersuchungen über das Umweltbewußtsein gezeigt haben. Es gibt Müttergruppen gegen die Verseuchung von Muttermilch, keine Vätergruppen gegen Verseuchung von Sperma. Es gibt eine Frauenfriedensbewegung, keine Männerfriedensbewegung (außer dem Koordinationskreis Friedensbewegung in Bonn und den Außenministern). Die CDU-Männer machten einen Gesetzesentwurf zur Abschaffung der Bezahlung von Abtreibung auf Krankenschein, die Frauen eine Initiative gegen diesen Entwurf. Es gibt eine weltweite Vermarktung von lebenden Frauenkörpern und solchen auf Zelluloid und Papier, keine solche von Männerkörpern — und so weiter und so fort.

Wir grünen Frauen wollen zwar keine Gleichstellungspolitik machen wie CDU und SPD, sondern eine Emanzipationspolitik. Versuchen aber krampfhaft, uns den Männern gleich zu stellen (frau beachte die doppelte Bedeutung: wir stellen uns, er-geben uns, sind ver-haftet). Ein Beispiel hierfür ist die ständige Auseinandersetzung um die Frage: kann ich eine Frau wählen, wenn der Mann mir kompetenter erscheint? Da wird Erfahrung in Politik, Expertenwissen plötzlich gegen die Frau ausgespielt, obwohl wir gleichzeitig in unseren »Frauenprogrammen« von »hinreichender« oder »gleichwertiger« Qualifikation sprechen, wenn es um die Besetzung von Erwerbsarbeitsplätzen geht. Da wissen wir genau, daß auch grüne Männer es sich eher leisten können, in einer Parteifunktion Erfahrungen für eine nächste Funktion zu sammeln, in Heimarbeit oder bezahlter Erwerbsarbeit sich Wissen anzueignen, als es ihre Frauen oder Freundinnen konnten. Da vertreten wir als GRÜNE, daß alle basisdemokratisch Politik machen sollen, daß Politik von unten gemacht wird, Betroffenheit wichtiges Kriterium ist. Aber bei unseren Frauen von unten zählt das plötzlich nicht mehr. Frauensolidarität — ein Schlagwort; aber nur, weil wir es nicht mehr zu füllen wissen.

Perspektive der GRÜNEN — Ohne uns sind sie verloren

Wenn die Grünen ihr Versprechen, Frauenpolitik zu machen, ihre Beteuerung, die Frauenbewegung als eine soziale Bewegung zum Standbein zu haben und zu behalten, nicht einlösen, laufen ihnen zunächst einmal die Mitgliederinnen weg. 30 % sind es — ein relativ hoher Anteil im Vergleich zu andern Parteien.

Sicherlich sind diese ca. 20 000 Frauen nicht alle aus Interesse an Frauenpolitik zu den GRÜNEN gegangen. Aber grüne Frauen haben im Vergleich zu Frauen anderer Parteien ein relativ hohes Bewußtsein in Bezug auf Diskriminierung von Frauen.

Leider führt der Grüne Dezentralismus dazu, daß es keine halbwegs exakten Zahlen über Mitgliederzahlen gibt, geschweige denn über Tendenzen, aufgeschlüsselt nach Männlein und

Weiblein. Aber eines ist eindeutig: die Frauen unter den GRÜNEN vermehren sich schlecht, die, »aktiven« Frauen — mal grob am Erscheinen auf Kreis-, Landes- und Bundesversammlungen beurteilt — erst recht. Zwar fehlen bislang spektakuläre Massenaustritte; aber individuelle Entscheidungen, bei den GRÜNEN nicht mehr mitzuarbeiten und schließlich auch auszutreten, kommen frau immer häufiger zu Ohren. Die Länderberichte auf der Bundesfrauen-AG untermauern diese Einschätzung: immer mehr grüne Frauen sind frustiert von den GRÜNEN. Nicht nur, daß die GRÜNEN dann noch schwerer ihren Grundsatz von Parität auf allen Listen und in allen Ämtern verwirklichen könnten — mit den Frauen gingen viele, die die Arbeit in Büros, an Büchertischen, an der Basis machen, gingen die, die das Etikett »frauenfreundlich« tragen könnten, gingen die, die den Programmpunkt »Frauen« im Wahlkampf vertreten könnten. Eine Spirale würde einsetzen: machen die GRÜNEN weniger bzw. schlechtere Frauenpolitik, so gehen die Frauen, weshalb die GRÜNEN dann noch weniger Frauenpolitik machen können und noch mehr Frauen gehen.

Dies wirkt sich natürlich auf die Wählerinnen aus. Denn Politik muß greifbar sein; Überzeugung, Begeisterung ist an Personen gebunden — da können GRÜNE noch so stark gegen

In Bonn: »Feminat statt Fewamat« (v.l.n.r.: Christa Nickels, Annemarie Borgmann, Heidemarie Dann, Waltraud Schoppe, Antje Vollmer, Erika Hickel — April 1984) *Foto: AP*

Personenkult bzw. Personalisierung von politischen Inhalten ankämpfen. Ohne grüne Frauen, die diese Politik im wahrsten Sinne des Wortes verkörpern — das heißt darstellen —, nicht nur auf dem Papier und im Munde, sondern »in vivo«, nicht nur im Fernsehen, sondern auf Veranstaltungen und auf der Straße, nicht nur vor Wahltagen, sondern alltäglich — ist Frauenpolitik nicht existent.

Wahlanalysen zeigten bisher, daß die GRÜNEN der CDU wie der SPD die Frauen wegnahmen, auch unter den Erstwählerinnen. Das ändert sich allmählich. CDU-Wählerinnen können jetzt auf Geissler hoffen, SPD-Wählerinnen darauf, daß die SPD um diesen Trend zur Frauenbetörung nicht vorbeikommt. Und GRÜNE-Wählerinnen? Die einen hofften auf Knete im Landeshaushalt — und wurden in Nordrhein-Westfalen enttäuscht, in Hessen eher recht als schlecht bedient; auf Bundesebene gibt's diese Knete nicht — zumindest nicht von den GRÜNEN. Die andern können das Grüne Programm nicht mehr er-tragen — wie bspw. in NRW aufgrund des Programmteils Sexualität und Herrschaft; wiederum andere werfen den Grünen vor, sich über die »Frauenschiene« nur profilieren zu wollen, ja sogar, daß die Grünen Frauen die Frauenbewegung bzw. die kooperativen autonomen Frauen nur aussaugen würden. Zumindest unter den autonomen Frauen gibt es wieder eine Tendenz, entweder SPD zu wählen oder eben gar nicht.

Soweit die rein pragmatisch-quantitative Begründung, warum die GRÜNEN ohne die Frauen nicht zu retten sind. Die Begründung für Schatz- und Zählmeister, für die, die Politik und inzwischen auch grüne Politik hauptsächlich in Zahlen ausdrücken: Mitgliederzahlen, Beitragszahlen, Prozentzahlen. Was aber wesentlich wichtiger ist, was den Nerv der GRÜNEN wirklich treffen wird, ist der Verlust an politischen Inhalten.

Ohne einen frauenpolitischen Ansatz, ja ohne feministischen Ansatz ist grüne Politik eigentlich keine grüne Politik. Von ihrem Anspruch her ist grüne Politik antipatriarchlisch, Basisdemokratisch, gewaltfrei, ökologisch, sozial: das sind laut dem immer noch geltenden Grünen Bundesprogramm die vier Säulen, sprich Grundprinzipien grüner Politik. Frau könnte meinen, hier hätten die GRÜNEN von der autonomen Frauenbewegung gelernt. Denn was heißt Basisdemokratie denn anderes als: keine Stellvertreter/innen-Politik, jede und jeder kann Politik machen, Politik ist Alltag, und Alltag ist politisch — alles Gedanken, die Frauengruppen zu ihrem Prinzip machten. Was heißt Gewaltfreiheit anderes als: Ablehnung jeder Form von Gewalt, physischer, psychischer, struktureller Gewalt? Was heißt »ökologisch« denn anderes als: gegen jede Zerstörung von Natur sein, »uns selbst und unsere Umwelt als Teil der Natur zu begreifen« (Zitat Bundesprogramm), »Absage an eine Wirtschaft der Ausbeutung ...« (Zitat Bundesprogramm), also gegen eine Gesellschaft, die auf der Ausbeutung von Frauen aufbaut, gegen eine entsprechende Wirtschafts- und Sozialpolitik, Finanz-, Steuer-, Friedenspolitik etc.? Und auch gegen einen solchen scheinbar privaten Alltag, einen solchen Umgang mit Frauen, mit der Ehefrau, Freundin, der Parteigenossin. Was heißt »sozial« anderes als: »Selbstbestimmung der Betroffenen«, »freie Entfaltung« »in Übereinstimmung mit ... ihren eigenen Wünschen und Bedürfnissen frei von äußerer Bedrohung« (Zitate Bundesprogramm)? »Daß die Frauen in fast allen gesellschaftlichen Bereichen benachteiligt und unterdrückt werden« (Bundesprogramm), ist Ausgangspunkt der Analyse, wie soziale Politik von daher auszusehen hat. Richtig — bis auf das Wörtchen »fast« in diesem Zitat.

Nicht nur, daß die oben skizzierten grünen Prinzipien einem frauenpolitischen, ja feministischen Ansatz nicht widersprechen: sie erfordern ihn geradezu. Nur dann können die GRÜNEN wirklich »die grundlegende Alternative zu den herkömmlichen Parteien« sein, die »eine grundlegende Änderung der bisherigen Politik«, eine »Überwindung gesellschaftlicher Verhältnisse« anstreben (Alle Zitate aus der Satzung der GRÜNEN).

Es geht mir nicht darum, im Sinne eines »Seht, ihr GRÜNEN, ihr müßt etwas für uns Frauen machen«, das Recht auf Frauenpolitik bei den GRÜNEN anzufordern. Es geht mir darum zu sagen: »Ihr GRÜNEN braucht uns Frauen, uns Feministinnen; sonst bleiben eure Analysen, eure Politik oberflächlich, ja falsch. Und zwar in jedem Bereich eurer Politik«. Der sogenannte Grundsatzparteitag der GRÜNEN im Dezember 1984, auf dem die Grundlinien grüner Politik bestimmt werden sollten, war ein gutes Beispiel dafür, wie sehr den GRÜNEN die Feministinnen fehlen. Selbst der so bezeichnete fundamentalistische Antrag ging nicht über eine Analyse hinaus, die Frieden als Fehlen von Waffen, Wirtschaftspolitik schön sauber getrennt neben Sozial- und Außenpolitik aufreihte, und für jeden dieser Bereiche Forderungen aufstellte, bei denen Frauen höchstens als »im besonderen Maße betroffen« auftauchten.

Da wurde sogar Rudolf Bahro, — der sich ansonsten durch seine Analyse unserer Gesellschaft als einer nicht nur kapitalistischen, sondern primär patriarchalischen auszeichnet — wieder zum Patriarchen. Nein, liebe GRÜNE, ihr habt hier nicht einfach »etwas« vergessen, auch nicht einfach »50 % der Menschheit«, ihr liegt ganz einfach falsch in eurer Analyse.

So einfach wäre es, die Perspektiven grüner Politik der nächsten Jahre, ja sogar Jahrzehnte zu skizzieren, so einfach wäre es, eine wirklich »andere« Wirtschafts-, Sozial-, Friedens-, Finanz-, Außen- etc. Politik zu beschreiben. Gut, der Streit darum, wie diese durchzusetzen ist, wäre noch nicht gelöst. Aber die Schubladen »Realpolitik« versus »Fundamentalpolitik« würden ausgekippt und aufgeräumt. Es gäbe nur noch eine fundamentale Analyse — nämlich eine feministische — und eine reale Politik, nämlich eine antipartriarchale, wirklich grüne gewaltfreie-ökologische-soziale-basisdemokratische. Sicher gäbe es noch heiße Debatten um die Strategie; die gibt es ja auch in der Frauenbewegung: Weiberräte, Autonomie, Parlamentarismus, Frauenpartei, Spiritualismus etc. Aber das Ziel wäre zumindest klar; und das scheint momentan bei den GRÜNEN immer mehr zu verschwimmen.

Die GRÜNEN brauchen die Frauen — brauchen wir Frauen die GRÜNEN?

Nein, natürlich nicht. Ich brauche keine Partei, bin, obwohl Parteimitglied und Funktionärin, immer noch autonom. Aber ich ge-brauche die GRÜNEN. Und das würde ich allen Frauen raten, die für sich vermuten, daß das der momentan für sie richtige Weg ist, feministische Politik zu machen. Und ich habe überhaupt kein schlechtes Gewissen dabei. Ich habe eine Funktion bei den GRÜNEN und für die GRÜNEN — aber ich funktionalisiere sie auch; wobei ich ehrlicherweise nicht ausschließen kann, daß sie mich manchmal funktionalisieren. Da ich, wie oben beschrieben, davon überzeugt bin, daß Feministinnen für die GRÜNEN unentbehrlich sind, sofern die GRÜNEN wirklich ihren Prinzipien folgen wollen, gehe ich davon aus, daß dies den GRÜNEN, mir und der Frauenbewegung nutzt. Immer mit der Betonung auf »zur Zeit«. Damit glaube ich sogar grüner als mancher »Urgrüner« zu sein, der (Frauen gibt es von diesem Typus weniger) die GRÜNEN als »seine« Partei bis

»zum bitteren Ende« begreift. Ich bin als Feministin gegen jeden Besitz, gegen jede Festschreibung von Zukunft. Ich fühle mich immer noch der »Bewegung« zugehörig und als in Bewegung begriffen. Als solche bin ich davon überzeugt, daß wir Frauen die GRÜNEN ge-brauchen können: als Bewegung, als Möglichkeit, Öffentlichkeit herzustellen, Erleichterungen im Alltag für Menschen und insbesondere Frauen zu erreichen, ja auch zu lernen, mit Einfluß, Öffentlichkeit, Macht umzugehen.

Der Ort meiner grün-feministischen Politik ist — getreu den Prinzipien der Frauenbewegung — überall: im Kreisverband, im Bundesvorstand, in der Bundestagsfraktion, der Frauenzeitung, der Frauenveranstaltung, der Bundesdelegiertenversammlung oder im Kamingespräch mit der Hausfrau auf Mallorca. Und natürlich auch im Bett — denn Lust ist für mich hochpolitisch. Und gerade weil Politik überall und immer stattfindet — ich »immer im Dienst bin« —, und deshalb so schrecklich anstrengend ist, muß sie auch Spaß machen. Sollte eine Frau oder ein Mann nach meinen Ausführungen sich (vielleicht auch mich) nun fragen: »Wann geht sie nun endlich?«, kann ich nur antworten: sobald meine Unlust meine Lust überwiegt.

Heidemarie Dann (MdB)

Erfahrungen aus dem Bundestag

These: Explizit als Feministin bist du zur Wahl angetreten — in deiner alltäglichen Politik ist hiervon nur wenig deutlich geworden.

Für meine Entscheidung, 1983 zur Bundestagswahl anzutreten und die Offene Liste der GRÜNEN zu nutzen, war mein feministisches Bewußtsein ausschlaggebend, das sich über acht Jahre Mitarbeit in der autonomen Frauenbewegung entwickelt hatte. Fünf Jahre Mitarbeit im autonomen Frauenhaus und die Erfahrung mit dem Kommunalparlament in Hannover haben mich zu diesem entscheidenden Schritt provoziert. Ich wollte mich als Feministin in die vorhandenen parlamentarischen Strukturen in Bonn hineinbegeben und versuchen, zunächst einmal innerhalb der GRÜNEN-Fraktion, feministische Inhalte einzubringen und Entscheidungen zu beeinflussen.

Bei der Listenaufstellung auf der Landesdelegiertenversammlung in Oldenburg waren die Befragungen nach inhaltlichen Positionen mehr oder weniger zufällig. Der politische Standpunkt wurde nur hinsichtlich der allgemeinen GRÜNEN-Programmatik angefragt. Offensichtlich war (und ist) im Bewußtsein der GRÜNEN kein Verständnis für das Besondere von feministischen Positionen vorhanden. Daß Feministinnen die GRÜNEN übertölpeln könnten — wie in Bonn bei der Wahl des Frauenvorstandes geschehen — daran dachte zu dem Zeitpunkt niemand. Das Vertrauen in die auch bei den GRÜNEN vorhandenen und wirkenden patriarchalischen Strukturen war und ist so groß, daß die Gewißheit überwiegt, daß alles seinen herkömmlichen gewohnten Gang geht. Mit dieser Einschätzung erklärte ich mich im April 1984 zur Wahl in den Frauenvorstand bereit. Es gab noch weitere Gründe:

1. Die Idee, einen Frauenvorstand zu bilden, hatte einen großen Reiz für mich. Es kam auch bei mir die Illusion auf, ein solidarischer Frauenvorstand könne die »Frauenpolitik« im Bundestag deutlicher artikulieren und greifbar machen und entsprechende Positionen auch in der Fraktion durchsetzen.

2. Als Nachrückerin hatte ich objektiv einen anderen Status in der Fraktion. Auf Nachrückerversammlungen war beschlossen worden, daß in einem neuen Vorstand von sechs Leuten zwei Nachrücker/innen sein sollten. Als Feministin verband ich damit die Hoffnung, die sich immer stärker zeigenden Hierarchieprobleme und Statuskonflikte reduzieren zu können.

3. Außerdem wollte ich im Frauenvorstand die Erfahrung machen, welche Informationen dort zusammenlaufen und wie und was ich von einer solchen Machtposition aus beeinflussen könnte.

Als zweite stellvertretende Parlamentarische Geschäftsführerin und Nachrückerin war ich auf die außerparlamentarische und fraktionelle Seite hin festgelegt. Der Schwerpunkt meiner Arbeit lag nicht im öffentlichen Blickfeld. Die Aufgabenbereiche lagen in der Einbindung der Bundesarbeitsgemeinschaften, der Parteiarbeit bzw. der Kontakte zu den übrigen Parteigremien.

»Wir finden's mutig und wunderbar«

Resolution des BHA zum »Feminat« in Bonn

Der Bundeshauptausschuß der GRÜNEN begrüßt die Entscheidung der Bonner Fraktion, an ihre Spitze ein Kollektiv von sechs Frauen gewählt zu haben.

Wir sehen in dieser Wahl eine gute Chance, die Spannungen in der Fraktion abzubauen, was die Voraussetzung dafür ist, um innerhalb der Fraktion und mit der Partei in solidarische inhaltliche Kontroversen um die Politik der GRÜNEN einzusteigen.

Die Sprecherinnen sind als erstes nur aus Frauen bestehendes Gremium einer Parlamentsfraktion nicht nur etwas grundsätzliches Neues, sondern versprechen gleichzeitig die Fortführung grüner Politik durch politisch kompetente Frauen.

Wir halten die Entscheidung auch deshalb für positiv, weil sie unbestritten eine Signalfunktion hat. Sie birgt die Möglichkeit in sich, der reaktionären Stimmungsmache der Regierung, die die Frau zurück an Heim und Herd bringen will, ein deutliches Zeichen entgegenzusetzen.

Der Bundeshauptausschuß wünscht den Frauen viel Erfolg. Wir sehen es als unsere Aufgabe an, mit den Sprecherinnen eng zu kooperieren und ihre Arbeit solidarisch zu unterstützen.

Wir finden's mutig und wunderbar!

Dem zurückgetretenen Vorstand danken wir für seine geleistete Arbeit in der schwierigen Aufbauphase der Fraktion.

(Beschlossen in Bielefeld am 14. April 1984) □

Es war ein wichtiger Bestandteil grüner Politik, um ein Abheben der Bundestagsgruppe von der Basis im Lande zu verhindern bzw. einer solchen Entwicklung entgegenzuwirken. Durch die Vereinzelung dieser Tätigkeit konnte es nicht gelingen, eine feministische Strategie und spezifisch feministische Inhalte für meinen Aufgabenbereich zu entwickeln.

Meine Funktion im Frauenvorstand war dadurch gekennzeichnet, daß ich die Präsenzpflicht bei allen Sitzungen (zu) ernst nahm. Inhaltlich diktierten die parlamentarischen Anforderungen die Inhalte der Vorstandsarbeit. Um dem etwas entgegenzusetzen und entsprechende Forderungen zu artikulieren — dafür fehlten die Voraussetzungen. Meinen Tätigkeitsbereich im Frauenvorstand charakterisierte ich selbst als »Hausfrauenarbeit«, d.h. es war eine notwendige Arbeit, ohne sichtbare Außenwirkung und Anerkennung.

Die Chance, gemeinsam mit dem Arbeitskreis »Frauenpolitik« eine Strategie zu entwickeln, neue Elemente in die Politik einzubringen, ist ungenutzt geblieben — auch von mir. Die Abhängigkeit der Abgeordneten-Frauen von den parlamentarischen Anforderungen war zu groß, meine Zivilcourage, bezogen auf die Auseinandersetzungen mit ihnen, war zu gering. (Die Einschätzung der Politik des Frauenvorstands wird doch sehr stark von dem jeweiligen Status bestimmt.) Als Nachrückerin konnte ich die Veränderungen der Frauen im Vorstand (Arbeitsstreß bis zur Selbstaufgabe) durch die Doppel- und Dreifachbelastung beobachten, aber nur sehr wenig von den Arbeitsanforderungen im Parlament übernehmen — oder auch in Frage stellen. Die Wirkungsmöglichkeiten waren sehr gering, und es lag mir auch fern, ohne eine Unterstützung von den anderen mandatierten Frauen, gegen die vorhandenen Bedingungen nur anzurennen. Dringend notwendige und erforderliche Aussprachen, Strategiediskussionen waren unter dem enormen Zeitdruck nicht möglich.

Inzwischen ist der neue Fraktionsvorstand gewählt und der Frauenvorstand mit Rotationsfete verabschiedet worden. Als Resümee der einjährigen Vorstandsarbeit kann ich festhalten:

1. Die Arbeit im Frauenvorstand hat unter Beweis gestellt, daß Frauen sehr wohl wie oder besser als mancher Mann diese Aufgabe erfüllen können. Aber das wollte ich nicht bewiesen haben. Mein Ziel und Interesse war es, diese Machtposition mit anderen Inhalten in Verbindung zu bringen. Der Frauenvor-

stand als solcher hätte politisch viel stärker in die Öffentlichkeit hineinwirken können, wenn er als Vorstand ein frauenpolitisches Konzept gehabt hätte. So waren es immer einzelne Frauen, was allerdings in seiner Wirkung nicht abzuschätzen ist.

2. Das Wissen um die Arbeitsgebiete und Entscheidungen im Vorstand sollte Frauen auf jeden Fall zugänglich sein. Insofern ist die Teilhabe äußerst wichtig. Allerdings sind in der neuen Bundestagsgruppe vier Frauen weniger als bisher.

3. Eine weitere Konsequenz ist die Erkenntnis, daß feministische Inhalte und Politik, vereinzelt praktiziert, keine Resonanz finden. Grenzen werden durch die vorhandenen Strukturen gesetzt. Diese Frustration hat sicher auch viel damit zu tun, daß es nicht gelungen ist, über das Frauenvorstands-Sein hinaus etwas Richtungsweisendes für eine andere Politik zur Sprache gebracht zu haben. Aus meiner Perspektive gibt es dafür keine Entschuldigung.

Ein persönliches Resümee:

Die Vorstellungen darüber, welche und wie ich feministische Inhalte innerhalb der Grünen Bundestagsgruppe und in der Bonner Politik einbringen wollte, mußte ich stark relativieren. Der abstrakte Wille reichte nicht aus. Es fehlte eine offensive Strategie und das dazugehörige Durchsetzungsvermögen.

So viel zum Hintergrund.

Nach den Erfahrungen mit der Vorstandsarbeit ging es dann darum, Konsequenzen aus den bisherigen Erfahrungen zu ziehen.

Obwohl ich seit über einem Jahr dem Innenausschuß inhaltlich zugeordnet war, gab es gegen Ende 1984 erneute Debatten um die Besetzung nach der Rotation. Mir war klar geworden, daß ich in jedem normalen Ausschuß primär den allgemeinen grünen Auftrag hätte politisch vertreten sollen. Nur dann und wann hätte ich spezifisch feministische Aspekte einer anderen Politik einbringen können.

Mit Beginn des Jahres 1985 befaßte ich mich mit dem Gedanken, den Sitz in der Enquete-Kommission »Gentechnologie« zu übernehmen. Die Genforschung stellt in ihrer grundsätzlichen Zielsetzung einen existentiellen Angriff auf die Lebenssubstanz dar. Die Reproduktionstechnik — ein Auswuchs der bisherigen Genforschung — stellt einen besonderen Angriff auf Frauen dar. Sie geraten immer mehr in die Verfügungsgewalt von Wissenschaftlern. Sie werden direkt oder indirekt auf ihre Gebärfähigkeit reduziert, zu willigen Forschungsobjekten, und damit als Mittel zum Zweck benutzt, die Beherrschbarkeit von Lebensprozessen zu ergründen.

Die Entscheidung für die Mitarbeit in der Enquete-Kommission »Chancen und Risiken der Gentechnologie« und für den Schwerpunkt »Neue Kommunikations- und Informationstechnologien« im Postausschuß entspricht meinem Interesse, mit meinem feministischen Hintergrund politische Positionen der GRÜNEN in diesen Bereichen zu vertreten. Außerdem sehe ich die Möglichkeit, eine entstehende außerparlamentarische Öffentlichkeit zu unterstützen.

Renate Wußing

Braunschweig: Wo schlechter (Stadt-)Rat teuer ist

Der Skandal ist da! Einer Frau, Mitarbeiterin in einer Grünen Fraktion, wurde gekündigt. Im Kündigungsschreiben heißt es unter anderem:

Frau X. wird gekündigt wegen »tiefgreifende(r) Störung des Vertrauensverhältnisses« und »Eine andere Aufgabe ... wurde ... so nachlässig ausgeführt, daß zumindest politischer Schaden für die Fraktion entstanden ist.«

Ich bin betroffen. Was hat das mit grüner Frauenpolitik zu tun? Ich will Anstoß geben zu überlegen, wo hier »politischer Schaden« angerichtet wurde.

Ich schreibe die Geschichte einer anderen Frau. Ich schreibe sie in der Ich-Form, da die Frau nicht wagt, ihre Biographie selbst zu veröffentlichen.

Ich schreibe ein typisches Frauenschicksal nieder. Die Erfahrungen dieser Geschlechtsgenossin haben mich verändert. Sie veränderten mein Selbstverständnis als Frau bei den GRÜNEN, mußte ich doch miterleben, wie auch in der politischen Alltagsarbeit der GRÜNEN unterdrückerische patriarchale Strukturen den weiblichen Lebenszusammenhang bestimmen. Den der anderen Frau und meinen — und den anderer Frauen bei den GRÜNEN.

Ich verwende als Materialgrundlage einen Bericht, den die »Arbeitsgemeinschaft Frauen bei den GRÜNEN« in meiner Stadt den Mitgliedern des Kreisverbandes vorgelegt hat. Er sollte eine gründliche Aussprache, eine Abkehr von »ungrünen« Verhältnissen einleiten.

Er wurde nicht zur Kenntnis genommen, stattdessen wurde die Frauengruppe mit Drohungen und Versprechungen eingeschüchtert und gespalten. Hartnäckiges Nachfragen wurde als »beleidigend«, »einseitig« und »destruktiv« bezeichnet. Unter Anwendung des Machtmittels Kündigung wurden die Widersprüche zwischen Anspruch und Realisierung grüner Politik verdrängt. Die Schuld wurde dabei ausschließlich der am untersten Ende der fraktionsinternen Hierarchie arbeitenden Frau gegeben, eine Aufarbeitung des Konflikts fand bis heute nicht statt, mit Hilfe der Geschäftsordnung wird das regelmäßig verhindert.

Doch wir Frauen geben nicht auf. Wir treten ein für die Verwirklichung der Prinzipien Grüner Politik, die da heißen: Öffentlichkeit herstellen, Mißstände aufdecken und bekämpfen, Bewußtsein verändern.

Dabei nehmen wir unsere eigenen politischen Zusammenhänge und Arbeitsbereiche nicht aus.

Wieweit die Trennung zwischen der eigenen Person und dem politischen Anspruch gehen kann, zeigt sich am Verhalten der Mitglieder/-innen des Kreisverbandes Celle: Dort mußte die Freundin eines Mitgliedes, die selbst auch Mitglied der Grünen ist, in das Braunschweiger Frauenhaus flüchten, weil sie von ihm bedroht und mißhandelt worden war. Als der Vorstand seinen Parteiausschluß (auf dem Hintergrund des Verstoßes gegen das Prinzip der Gewaltfreiheit) beantragte, kam die dafür notwendige ⅔-Mehrheit nicht zustande. Als Begründung wurde aufgeführt, daß 'Privates' nicht mit 'Politischem' vermischt werden dürfe.

Doch das Private ist politisch!

(Stadtzeitung Braunschweig, April 1985, S. 6)

Ein besonderes Augenmerk richten wir Frauen dabei auf das Machtgefälle zwischen den (ausschließlich) männlichen Mandatsträgern und den Funktionsinhabern des Kreisverbandes und der Basis. Wir sehen es als Ausdruck echter Parteiloyalität an, wenn wir dafür sorgen, daß Fehlentwicklungen und kritische Fälle unter dem grünen Teppich hervorgezerrt werden. Wir hoffen darauf, daß die Veröffentlichung von Mißständen eine mäßigende Wirkung auf die Verantwortlichen hat nach dem Motto: »Das nächste Mal lieber nicht!«

Öffentlichkeit ist stets die Waffe der Schwächeren. Gerade in einer Partei, die für sich in Anspruch nimmt, basisdemokratisch zu sein, müssen alle, denen Macht übertragen wurde, sorgfältig kontrolliert werden. Auch grüne Menschen sind fehlbar. Macht muß durch Gegenmacht der Basis ausgeglichen werden.

In unserer Stadt bestimmte aber nicht kritische Gegenkontrolle die Arbeit zwischen Fraktion und Kreisverband, sondern Zusammenspiel. Immer wieder setzten wir Frauen und einige Männer Warnsignale, wir wollten Verhältnisse, die unseren Ansprüchen entsprachen. Die Warnungen wurden »verrissen« und verleumdet.

Die andere Frau, die anderen Frauen und ich, wir wollen, daß sich was ändert — auch bei den GRÜNEN.

Mitarbeiterin in einer Ratsfraktion der GRÜNEN — gekündigt!

Geboren bin ich 1927. Mein Vater war Jurist. Meine Mutter brach ihr Studium ab, um zu heiraten. Wir waren vier Kinder. Der einzige Sohn und meine älteste Schwester durften studieren. Ich besuchte ein Lyzeum und wurde auf die zukünftige Tätigkeit als Hausfrau und Mutter vorbereitet.

Wir lernten Klavierspielen. Wir Mädchen hatte Ballettunterricht und wurden zum Lesen »guter Bücher« angehalten. Auch übten wir Konversation, damit wir unseren zukünftigen Männern anregende Gesprächspartnerinnen und unseren zukünftigen Kindern gebildete Mütter sein möchten.

Kurz vor Kriegsende absolvierte ich noch mein Pflichtjahr und heiratete bald. Groß war die Auswahl unter Männern nach Kriegsende ja nicht. Die Ehe mißlang, ich ließ mich scheiden. Bald heiratete ich aber wieder, einen Arzt im öffentlichen Dienst. Ich zog drei Kinder groß, führte einen großen Haushalt (von einer 40-Stundenwoche konnte ich nicht einmal träumen). Mein Mann begann zu trinken. Ich hielt es nicht mehr aus und zog aus. Fast alles ließ ich zurück. Da war ich 49.

Meine Kinder waren erwachsen. Ich wollte endlich mein Leben leben. Ich hatte nichts gelernt, nur die Fertigkeiten, die angeblich nötig sind, um es Männern und Kindern schön zu machen. Ich fand eine Anstellung als Verkäuferin in einem exklusiven Pelzgeschäft. Ich sollte dazu beitragen, daß Frauen kostbar und geschmackvoll gekleidet waren. Die schönen Pelze steigerten das Ansehen der Männer, die sie bezahlten.

Ich ließ mich in einem Schnellkurs zur Sekretärin ausbilden. Mein Sohn war drogenabhängig geworden, ich war verzweifelt. Ich lief von einer Beratungsstelle zur anderen. Ich gründete eine Selbsthilfegruppe von Eltern Drogenabhängiger. Zu den Treffen kamen fast nur Mütter. In nächtelangen Gesprächen unserer Kinder lernten wir Frauen uns selbst kennen. Wir haben viel geweint — und viel gelernt. Und wir haben gelernt, uns selbst zu helfen.

Wir begannen uns zu fragen: Was waren wir für Mütter gewesen? Welches Leben hatten wir vorgelebt? Wo hatten wir gelogen, vertuscht, verdrängt, die »Listen der Ohnmacht« angewandt? Wer waren die Väter? Welchen Part hatten die gespielt? Wo hatten die sich aus der Verantwortung geflüchtet, mit Geld freigekauft? Warum hatten wir Frauen das zugelassen? Welche Hoffnungen hatten wir in unseren Kindern geweckt? Wie wurden die Hoffnungen zurechtgestutzt, als sie sie einfordern wollten? War die Flucht in die Scheinwelt nicht allzu verständlich angesichts der Lebenssituation, in der wir uns befanden?

Ich veränderte mich, immer schneller. Ich wollte nicht mehr klag- und kritiklos alles hinnehmen, was mir zugemutet wurde.

Die GRÜNEN im Rat der Stadt hatten vier Sitze erkämpft. Sie bildeten eine Fraktion. Sie schrieben zwei Stellen aus. Ich bewarb mich. Im Einstellungsgespräch sagte ich, daß die politischen Ziele der GRÜNEN auch von mir vertreten würden. Ich habe einen Schwerbehindertenstatus. Das erleichterte den GRÜNEN die Entscheidung, ich wurde angestellt.

Ich trat in die GRÜNE Partei ein. Ich wollte auch Stimmrecht in der Partei, in der ich mitarbeiten wollte. Ich freute mich. Nun würde alles besser werden, für mich, meine Kinder, für die Gesellschaft. Ich hatte große Hoffnungen. Ich war in Aufbruchstimmung. Ich wurde so jung, wie ich es nie vorher war. Da war ich 54.

Die Arbeit im Rat begann mit einem Schreibtisch und zwei Stühlen und einer zunächst überschaubaren Menge Papier. Dauernd kam jemand aus der Basis und fragte sich klug. Brachte was, holte was, eigentlich immerzu. War ja auch alles neu, mußte ja auch alles organisiert werden und langsam wachsen. Die Zeit war nicht leicht für mich. Aber es beeindruckte mich, wie die GRÜNEN sich bemühten, Zusammenarbeit zu üben. So etwas hatte ich vorher noch nicht erlebt.

Bald wurde mir eine Geschäftsführerin vorgesetzt. 17 Jahre jünger als ich, mit Studium, Journalistin. Sie sollte eine alternative Zeitung machen und die Fraktionsgeschäftsstelle nach außen vertreten. Aufgrund ihrer besseren Qualifikation erhielt sie von Anfang an ein um drei Stufen höheres Gehalt, auch war ihre Dienstaltersstufe höher, da sie keine Ausfallzeiten durch Kinder hatte. Sie durfte sich ihre Zeit und Arbeit selbst einteilen, ich sollte ihr zuarbeiten. Den vier Ratsleuten sollte ich natürlich auch zuarbeiten, ebenso der Basis und den Initiativen, von denen viele im Umfeld der GRÜNEN arbeiten. Auch das, was von außen an die Ratsfraktion herangebracht wurde, sollte ich aufnehmen und weitergeben.

Ich bemühte mich, allen gerecht zu werden. Es fiel mir zunehmend schwer, da die Anforderungen nirgends verbindlich festgelegt waren. Es war halt ein »grünes Arbeitsverhältnis«. Ich konnte machen, was ich wollte, dauernd blieb irgendetwas liegen. Immer häufiger wurde ich offen oder verdeckt darauf angesprochen, was ich denn den ganzen Tag so täte. Jeder und jede Grüne, die uns im Rathaus besuchten oder anriefen, kamen mit ihrem eigenen Anspruch.

Es gelang mir tatsächlich nicht, allen gerecht zu werden. Feste Geschäftszeiten gab es nicht. Die GRÜNEN wollten alles ganz locker handhaben. Man/frau dachte, es würde sich mit der Zeit eine den GRÜNEN angemessene Organisationsform finden lassen. Immer wenn die Tür aufging oder das Telefon klingelte, schwankte ich zwischen Freude über den menschlichen Kontakt und Ärger über liegengebliebene Arbeit. Ich dachte mir aber: Unsere politische Arbeit kann nur Erfolg haben, wenn wir uns austauschen, Kontakte pflegen.

Ich versuchte, die Arbeit in den Griff zu kriegen. Mangels verbindlicher Arbeitsanweisung schrieb ich den Ablauf meiner Tätigkeiten auf. Diesen teilte ich den Ratsleuten mündlich und auch schriftlich mit.

Mein Tagesablauf sah so aus:

Arbeitsbeginn stets um 8.30 Uhr; erste Post holen, verteilen, die Lokalzeitung fürs Archiv auswerten, nach Bedarf vom Band schreiben, fotokopieren. Am späten Vormittag nach Eintreffen der Geschäftsführerin Besprechung der anliegenden Aufgaben. Inzwischen ist die zweite Post eingetroffen. Ich sortiere, lese, leite weiter, bespreche Briefe und Anfragen, beantworte sie, bearbeite sie, lege sie ab. Besucher sind eingetroffen. Ich berate sie bei der Materialauswahl zu verschiedenen Projekten, Institutionen und Initiativen. Ich beantworte Fragen, gebe Informationen, nehme Beschwerden und Hinweise entgegen, schreibe sie auf. Zwischendurch klingelt häufig das Bürgertelefon, es werden Wünsche geäußert, Anfragen gestellt, ich leite weiter. Führe Telefonate mit Behörden und Initiativen, lege eine Adressenkartei an. Inzwischen ist die dritte Post eingetroffen und wird von mir bearbeitet. Überregionale Zeitungen sehe ich auf Material fürs grüne Archiv durch. Immer wieder muß ich zum Fotokopieren einen weiten Weg im Rathaus zurücklegen. Größere Auflagen muß ich sogar im Keller kopieren. Dazwischen kommt weiterhin dauernd Besuch, das Telefon ist zu bedienen. Die Besucher/innen machen es sich gerne bequem und möchten eine Tasse Kaffee angeboten haben.

Dieser »normale« Arbeitsablauf wird in Stoßzeiten hektisch, z.B. vor Ratssitzungen. Dann wird es abends sehr spät, an eine regelmäßige Arbeitszeit, wie sie mir vertraglich zugesichert wurde, ist nicht mehr zu denken. Die Ratsleute und die »Fachleute« der Basis kommen und gehen nach Belieben. Nur ich muß immer da sein. Wie ich abends aufs Dorf nach Hause komme, danach wird nicht gefragt. Die öffentlichen Verkehrsmittel fahren abends nur selten. Die GRÜNEN wissen das, sie arbeiten daran. Ich habe kein Auto. Niemand bietet mir an, mich nach Hause zu bringen. Ich muß oft eine Taxe nehmen. Mein Verdienst ist nicht hoch. An meine Gesundheit und meinen Schwerbehindertenstatus denkt mensch nicht. Am Anfang bin ich froh darüber, auch darüber, daß niemand auf mein Alter hinweist.

Ich strenge mich weiter an, ich will allen Aufgaben gerecht werden. Ich bin »Fraktionstipse«, Kaffee- und Teekocherin, Trösterin und Beraterin, Abwaschfrau und Nachräumerin. Ich bin das Mädchen für alles. Doch meine Unzufriedenheit steigert sich. Ständig werde ich übergangen, bei Arbeitsbesprechungen als Person nicht mehr erwähnt. Dafür werden mir zunehmend Arbeiten zugeteilt, zu denen sonst keine/r Zeit oder Lust hat. Daneben aber darf ich weiterhin mal eben so lieb sein und Briefe schreiben für die Engagements meiner Vorgesetzten in Gewerkschaften, Initiativen und Verbänden. Selbst zum Kinderhüten neben meiner laufenden Arbeit werde ich angestellt, weil ein Ratsmann keine Kinderbetreuung organisieren und bezahlen will.

Ich wehre mich gegen die Zumutungen. Ich beschwere mich. Ich versuche grüne Ansprüche an menschlichen Umgang einzuklagen. Wir führen Gespräche, wir können uns nicht einigen. Ich trete aus der Partei aus. In meiner Austrittserklärung begründe ich dies schriftlich mit ungrünen Arbeitsbedingungen.

Irgendwann kriegt die grüne Basis die ständigen Querelen im Rat mit. Einige Menschen bemühen sich, die widersprüchlichen Anforderungen zu begrenzen, das Arbeitsverhältnis zu regulieren. Es klappt nicht. Die Ratsleute und die Geschäftsführerin stellen sich taub. Für sie läuft alles problemlos. Sie wissen nicht, was ich habe. Aber im Kreisverband werden böse Gerüchte und Verleumdungen über mich verbreitet. Die macht ihre Arbeit nicht richtig! Die telefoniert den ganzen Tag! (Das Bürgertelefon haben aber die Ratsleute eingerichtet.) Die führt die Kasse nicht ordentlich! (Trotz mehrfachen Bittens war sie mir gar nicht ordnungsgemäß übertragen worden.) »Schlichtgrüne« behaupteten plötzlich: Die führt das Archiv nicht ordentlich! (Vom Umfang dieser Arbeit wußten sie nichts.) Alle meine Bitten und Versuche, etwas zu ändern, wurden als »böswillige Vergiftung des Betriebsklimas« ausgelegt. Andere Menschen aus dem Kreisverband interessierten sich für meinen Posten.

Ich wurde gekündigt.

Da war ich 57 Jahre alt, alleinstehend, schwerbehindert — weiblich; aber grüne Arbeitsverhältnisse sind meist »ungeschützt«, da die Fraktionen in der Regel weniger als fünf Vollzeitkräfte haben.

Ich werde dagegen klagen, davon laß ich mich auch durch Anrufe, Briefe und Besuche nicht abbringen.

Nachtrag (Spätsommer '85)

Nach der im Januar 1985 ausgesprochenen *Kündigung* wurden Verfahren vor dem Landessozialgericht, dem Verwaltungsgericht und dem Arbeitsgericht eingeleitet. Bis zum gegenwärtigen Zeitpunkt ist es noch nicht zu einer abschließenden Entscheidung gekommen.

Die Arbeit im Kreisverband ist dadurch erheblich beeinträchtigt. Immer mehr Frauen und Männer haben sich nach harten Auseinandersetzungen aus der aktiven Parteiarbeit zurückgezogen, viele sind ausgetreten - auch die Verfasserin -, die Arbeitsgemeinschaft Frauen steht vor der Auflösung.

Sabine Fischer

Juchhei, die Hex' ist tot!

Das Unbeschreibliche
— hier ist's getan
(Faust)

Frauenfreundlichkeit, Erwartungen an Solidarität, Gemeinsames suchen und das Trennende finden, kurz: Frauen in einer alternativen Partei. Weder Quotierung noch Frauen-GA (Partei-Vorstand) oder der Versuch, den Begriff feministisch zu klären, haben an den Politikstrukturen und dem Politikverständnis in der AL etwas verändert. Das große Frauen-gemeinsam-sind-stark-Gefühl blieb aus. Es denken zwar immer mehr Frauen in der Liste über ihr Frausein und ihre Rolle in der Partei nach, doch gerade die Auseinandersetzungen unter denjenigen, die angeblich wissen, was sie wollen, verlaufen äußerst unproduktiv.

Ein Problem — unter anderen versteht sich — ist die Uneinigkeit der Frauen innerhalb der politischen Organisation. In dem schlichten Wort »Frauensolidarität« liegt Sprengstoff für die Grün-Alternativen. Dies will ich mit meinem Artikel näher erklären und dadurch die Diskussion um das gemeinsame Vorgehen von Frauen vorantreiben. Es ist ein heikles Thema — ich bin mir dessen bewußt. Die Selbstzerfleischung unter Frauen, der höhnische Blick der Männerwelt (»Na, wo blieben denn eure anderen Umgangsformen?«) lassen manche aktive Frau erschreckt verstummen, statt ihre Kritik an anderen Frauen solidarisch und hartnäckig zu formulieren.

Quotierung

Die Frauenfeindlichkeit einer Partei macht sich zumeist an der zahlenmäßigen Beteiligung von Frauen in Funktionen, Vorständen, Parlamenten u.ä. fest. Mit der Inkraftsetzung des Quotierungsbeschlußes im Frühjahr 1984 hat die AL das Weitestgehende geleistet. Alle Gremien der Liste werden in einem Reißverschlußsystem pari-pari mit Frauen und Männern besetzt.

Die AL beschließt die Quotierung (November 1983) *Foto: Rieth*

Allerdings — das sei hier erwähnt — hat die AL eine sogenannte »weiche Quotierung« beschlossen, d.h. nach drei Wahlgängen (mit Pausen zur »Frauensuche«) können Männer auf Frauenplätzen kandidieren. Dieses Zugeständnis soll verhindern, daß relevante Gremien wie Parlament und Parteivorstand personell nicht abgesichert sind, also die »Politikfähigkeit« womöglich durch den Mangel an Frauen gefährdet wird.

In den etablierten Parteien gibt es zwar ähnliche Überlegungen, jedoch gehen die Konsequenzen in eine weniger radikale Richtung. Es sei hier kurz der Juso-Beschluß auf Quotierung entsprechend der Anzahl der weiblichen Mitstreiterinnen erwähnt sowie die Überlegungen der CDU-Frauenvereinigung, das Wahlrecht zu ändern, was jedoch die Besetzung der innerparteilichen Gremien unberücksichtigt läßt.

Bei der Forderung nach reinen Frauengremien wurde die Quotierung postwendend zum Bumerang. Quotierung sei Gleichberechtigung der Frauen und bedeute doch wohl nicht den Ausschluß von Männern (»Diskriminierung mit veränderten Vorzeichen«).

Frauengremien

Daß die AL im Mai 1984 ihren neunköpfigen Vorstand (Geschäftsführender Ausschuß, GA) ausschließlich mit Frauen besetzt hat, ist ein Novum in der Parteiengeschichte. Es muß hier einschränkend gesagt werden, daß die AL ihrem Vorstand andere, im Vergleich weniger Kompetenzen einräumt als die etablierten Parteien. Da dies jedoch im bisherigen Selbstverständnis der AL begründet liegt, kommt niemand umhin, anerkennen zu müssen, daß bislang keine andere Partei ihren Frauen diese Funktion überantwortet hat. Angesichts der innerparteilichen Auseinandersetzung um ein ausschließlich von Frauen geführtes Gremium kann der Frauen-GA aber keineswegs zu den jederzeit wiederholbaren Möglichkeiten für Frauen gerechnet werden.

Die Idee einer Frauenfraktion im Abgeordnetenhaus war kaum vage formuliert, als sich auch schon AL-Frauen entschieden dagegen aussprachen. Es entspann sich eine Auseinandersetzung über Feminismus und Frauenpolitik, die die bereits vorhandene Kluft unter den Frauen stärker aufbrach. Da die AL-Mehrheit kein sonderliches Interesse an dieser Idee zeigte, wurde ein entsprechender Antrag nach nur zweistündiger Diskussion auf einer Mitgliedervollversammlung abgelehnt. So weit im Überblick.

Im folgenden will ich versuchen, am Beispiel dieser politischen Debatten die schwierigen Auseinandersetzungen innerhalb der Parteifrauen zu schildern, und Kontroversen aufzeigen, die schließlich zum vorläufigen Scheitern feministischer Politik in der AL geführt haben.

Auch wenn einige Frauen mit achselzuckendem Bedauern feststellen, die anderen wollten sich doch gar nicht auf ihre Argumente einlassen, so gibt es neben den persönlichen Gründen für die Uneinigkeit unter den Frauen auch eine Reihe von Unterschieden in den inhaltlichen und strategischen Fragen. Die vier, die ich für die wichtigsten halte, will ich im folgenden kurz skizzieren. Sie sind die »Basis«, auf der sich die Kommunikation der Frauen bewegt.

1. Ein Streitpunkt aus den Anfängen der Frauenbewegung wird bis heute immer wieder neu diskutiert. Es ist die Frage danach, ob es möglich ist, zusammen mit Männern Politik zu machen. Die Zukunft — so denken manche AL-Frauen — liegt in dem

Miteinander von Frau und Mann. Es gehe darum, zu lernen, sich »miteinander aneinander abzuarbeiten« oder »den Nahkampf« aufzunehmen. Die Männer »in Ruhe zu lassen« bedeute, sie als Chauvis oder Softis zu akzeptieren, sie zu »fordern« bedeute, einen »passablen Gegner« zu finden oder zu formen.

In diesem Kontext erscheinen Forderungen nach reinen Frauengremien wie Relikte aus guter alter Bewegungszeit. Und doch haben sie eine gewisse Attraktivität, vielleicht weil genügend Frauen die Nase voll haben von dominierendem Machergeschwätz, oder vielleicht auch nur, weil es ein so hervorragendes politisches Zeichen ist, daß nämlich hier (!) Frauen Politik machen.

Das berühmte Ghetto

Noch immer sind reine Frauengremien in gemischt-geschlechtlichen Organisationen eine erwähnenswerte Besonderheit. Von den Medien kurz aufgeputscht werden sie nur, wenn es sich um Vorstände, Sprecherinnenräte u.ä. handelt, wenn Frauen also in Machtpositionen sitzen. In den eigenen Reihen toben die Männer und Frauen angesichts »feministischer Machtübernahme« jedoch nicht wenig.

Es macht nämlich auch in der AL einen Riesenunterschied, ob in einer Bezirksgruppe mal wieder Delegierte gewählt werden sollen oder ob ein Parteivorstand gewählt wird. Es spielen andere Kräfte eine Rolle; z.B. kam die Kritik, die Frauen würden mit ihrem »Putsch« eine Diskussion um die Kompetenzen dieses Gremiums verhindern.

»Um den Männern mal klar und deutlich zu sagen, was sie da immer für eine Scheiße machen, ist ein ausschließlich von Frauen bestimmtes Forum wichtig und unverzichtbar. Aber irgendwann sollten Frauen und Männer dahinkommen, sich miteinander aneinander abzuarbeiten. Und dieses Irgendwann ist für mich schon der GA. Denn diese Arbeit geht uns alle an. Darum ist es auch sinnvoll, sie so anzugehen, wie die Wirklichkeit (ich meine mit Wirklichkeit, nicht wegzulaufen) ist, und die besteht nun mal nicht nur aus Frauen.« Sehr schön formuliert, das »Miteinander aneinander abarbeiten«. Sich stets und ständig mit dem männlichen Geschlecht auseinandersetzen, offensiv die Kritik an den Männern einbringen, aber so, daß man/frau sich noch »aneinander abarbeiten« kann. In dieser

Vorstellung sollen reine Frauengremien nichts anderes als Durchlauferhitzer sein, wo statt heißem Wasser die Frau herausspaziert, die jedem Mann in der politischen Auseinandersetzung gewachsen ist. Das Ganze verknüpft mit der Wirklichkeit. »Hallo Frauen, es gibt auch Männer!« — das heißt, daß Frauen ihre Kraft sehr wohl dafür einsetzen dürfen, sich an den Männern abzuarbeiten. »Männer und Frauen müssen lernen, miteinander auszukommen.« Das ist Gleichberechtigung.

Mag sein, daß ich zynisch bin. Aber warum sollen Frauen untereinander sich nicht »miteinander aneinander abarbeiten«? Steht das der Gleichberechtigung im Weg? Es hieße vielleicht zu viel Gleichberechtigung, vielleicht zu viel Emanzipation. Denn reine Frauengremien können sehr wohl Freiräume für Frauen sein, in denen sie sich miteinander aneinander abarbeiten und vielleicht sogar so etwas wie Solidarität erfahren ...

Gerade einer »alternativen« Liste stünde es gut an, selbstverständlich solche Freiräume zu fördern. Und was die Wirklichkeit betrifft, verstehe ich nicht, warum das, was wir Frauen in unserem politischen Alltag leben (dürfen), nämlich die Zusammenarbeit mit Frauen, für politische Ämter nicht gut genug sein soll?!

2. Wie genau verfolgen Frauen das, was sich an Geschlechterproblematik innerhalb der Liste abspielt? Sie, die Liste, ist der Ort — (das Ghetto), wo frau sich in ihrem politischen Engagement wohlfühlen will. Sie will dort auch mit Männern politisch zusammenarbeiten.

Es ist sicherlich unbestritten, daß einer »so mancher AL-Mann näher steht als eine CDU-Frau.« Und dennoch: Hier tritt die alte Mär vom Haupt- und Nebenwiderspruch unverdeckt zu Tage: der wahre Gegner ist die frauenfeindliche Politik der CDU oder anderer Außenstehender, während frau in den eigenen Reihen nicht so genau hinschaut, welche Macker hier rumlaufen. Und wird doch mal einer über die Norm hinaus auffällig (Hecker), beginnt der Streit um die Konsequenzen: Der Einzelne darf nicht für die gesellschaftlichen Mißstände bestraft werden, jeder braucht die Chance dazuzulernen usw. Diejenigen aber, die in solchen Fällen konsequent z.B. den Ausschluß verlangen, laufen Gefahr, isoliert zu werden.

3. Der sogenannte »Frauenbonus« — ohne daß genau ermittelt werden kann, was das ist — wird von Frauen und Männern

sehr verschieden interpretiert. Männer legen ihn als Großzügigkeit ihrerseits aus, den Frauen etwas gewährt zu haben. Darum lehnen viele Frauen jede Forderung, die den Hauch eines Bonusses haben könnte, entschieden ab. Andere wiederum klagen genau diesen Bonus für Frauen ein und finden es keineswegs anrüchig, »übervorteilt zu werden«. Diese beiden Haltungen stehen sich unversöhnlich gegenüber und führen u.a. dazu, daß die Quotierung einerseits als Schande und andererseits als Selbstverständlichkeit angesehen wird.

»Das Diskriminierendste überhaupt ist, gewählt zu werden, *weil* ich eine Frau bin.«

In den grün-alternativen Landesverbänden reicht der Anspruch auf Parität der Geschlechter inzwischen von der parlamentarischen Vertretung bis zu den Redelisten auf Mitgliedervollversammlungen. Die schlichte Bevorzugung von Frauen, weil sie in männerdominierten Politikstrukturen nur die Chance als Einzelkämpferinnen haben, hat für die AL-Frauen ihre Schattenseiten. Die Befürchtung, daß nicht ihr Wissen und Können, sondern ihr Geschlecht den Ausschlag für ihre politische Mandatierung geben könnte, hat sich durch die Quotierung vergrößert. Es werden halt mehr Frauen »gebraucht«.

Einige »Mutige« gingen gar so weit, das Moment der Diskriminierung umgekehrt zu definieren. Sie vermuteten, daß Frauen nur gewählt würden, weil sie Frauen seien. »Das finde ich schlimm, unpolitisch und letztendlich auch diskriminierend für die Frauen.« Aber erscheint es nicht schlüssig, daß mit dem Vorhandensein eines Quotierungsmodells nicht nur »Personen« oder »Positionen« zur Wahl stehen, sondern ebenfalls eine bewußte Entscheidung für Frauen und Männer gefällt werden muß?

Da kein Mann auf die Idee käme, entrüstet zu sagen: »Ich will nicht nur gewählt werden, weil ich ein Mann bin«, scheint mir die Parität offensichtlich nicht so selbstverständlich, wie leichthin angenommen wird. Daraus lassen sich drei Schlüsse ziehen: 1. Die Parität ist gar nicht erwünscht. 2. Frau traut es ihren Mitstreitern und Mitstreiterinnen nicht zu, daß sie Frauen aufgrund ihrer Positionen und politischen Aktivitäten wählen. 3. Sie halten weder von sich noch von anderen Frauen soviel, daß die Geschlechtszugehörigkeit letztendlich für die Mandatierung wenig ausschlaggebend wäre.

Aber immerhin haben Frauen immer wieder genügend Selbstbewußtsein und persönliche wie politische Gründe, für ein Amt zu kandidieren. Und da werde ich das schale Gefühl nicht los, daß durch den Satz: »Die ist doch nur gewählt worden, weil sie eine Frau ist«, die Kritik an der Person auf die Kritik am Geschlecht reduziert wird.

Eine Episode am Rande

Die Uneinigkeit darüber, wie die Quotierung zu beurteilen ist, hat folgenden Auseinandersetzungshintergrund:

Schon in der Anfangszeit der Debatte, ob die Quotierung notwendig sei oder nicht, trugen die Gegnerinnen vor, der Frauenbonus werde sich verstärken, Frauen würden aufgrund ihrers Geschlechtes und nicht wegen ihrer Qualifikation gewählt werden. Von Chancen für Frauen, sich in der Gremienarbeit zu bewähren, Einfluß auf die AL-Politik nehmen und anderen Frauen Mut zum Mitmachen und Einmischen geben zu können, redeten sie nicht. Die Quotierung wurde als unpolitisch oder als falsche Politik (»reformistisch und formalistisch«) abqualifiziert.

Auf einer der Frauen-VVs zum Thema fragte dann eine der Antragstellerinnen aus dem Frauenbereich — emotional durch den Stil der Diskussion und ihre realen Erfahrungen in der AL sehr aufgebracht — ob sie, die Gegnerinnen der Quotierung , keine Frauen seien, nicht betroffen davon, wie schwer es für Frauen sei, gewählt zu werden, wenn Männer als Kandidaten zur Verfügung stünden. Auf diese provozierende Frage reagierten die angesprochenen Frauen ihrerseit ebenfalls empört. Sie verließen die Frauen-VV mit den zynischen Worten, dies sei wohl der andere, solidarische Umgang unter Frauen.

Die Verblüffung meinerseits war perfekt. Streiten will gelernt sein.

»Die gestandenen politischen Frauen wollen keine Quotierung. Ich glaube, sie haben zuviel geleistest, um für sich einen Sonderstatus erbitten zu müssen.« (Antje Huber, SPD-Parteivorstand, 1984)

4. Die zweifelsohne schwerwiegendste Differenz liegt in der Definition dessen, was Frauenpolitik, was Feminismus ist. Dies ist in der »Natur« der Sache begründet, alldieweil es die verschiedensten theoretischen und praktischen Ansätze und Herangehensweisen gibt. Es würde sich lohnen, diesem Kapitel ein eige-

»Die gestandenen (SPD-)Frauen wollen keine Quotierung« (Hans Apel, ex-SPD-Spitzenkandidat in Berlin, und Ehefrau)   Foto: Glaser

nes Buch zu widmen. Ich werde mich hier darauf beschränken, einige Aspekte bzw. Ansätze darzustellen.

Die weitreichendste Definition beschreibt Frauenpolitik als integralen Bestandteil aller gesellschaftlichen Fragen. Das betrifft zum einen die Themen, in denen Frauen aufgrund ihrer Geschlechtszugehörigkeit der unmittelbaren Gewalt von Männern ausgesetzt sind, also z.B. die Frage, wie die nächtlichen Straßen für Frauen durch eine aktive Verkehrspolitik sicherer gemacht werden können. Oder andererseits Themen wie die ersatzlose Streichung des Abtreibungsparagraphen, wo Männer eine mittelbare Gewalt ausüben. Ebenso fallen in diese Definition all diejenigen Politikansätze, die differenzieren können zwischen beispielsweise der allgemeinen Ausländerfeindlichkeit und der Unterdrückungssituation, der Ausländerinnen durch ihre ausländischen Ehemänner zusätzlich ausgesetzt sind (und die bei uns z.T. gar per Gesetz festgelegt werden: Aufenthaltsgenehmigung). Ebenfalls einen genaueren Blick wirft der Frauenstandpunkt auf die Wirkung von Umweltgiften, Auswirkungen von Arbeitslosigkeit u.v.m. Ein anderes Beispiel: wenn zur Vorbereitung und Gestaltung der 750-Jahr-Feier in Berlin keine einzige Frau in dem verantwortlichen Gremium sitzt, so ist es höchst erfreulich zu vernehmen, daß sich eine Gruppe autonomer Frauen zusammengefunden hat, um für dieses kulturpolitische Ereignis entsprechende frauengeschichtliche Veranstaltungen, Ausstellungen etc. durchzuführen. — Dies mag als kleiner Einblick für diesen umfassenden Ansatz von Frauenpolitik genügen.

Dem krass gegenüber steht die Aussage, »daß die Fraktion der AL die gesamte Palette von AL-Politik und politischer Bewegung in dieser Stadt repräsentieren muß«, vor allem dann, wenn wenige Zeilen zuvor geschrieben steht, daß es oft gar nicht möglich oder sinnvoll sei, die spezifische Betroffenheit von Frauen in kultur-, bau- oder umweltpolitischen Fragen miteinzubringen. Unter Frauenpolitik verstehen die Autorinnen des obigen Zitats eher die Behandlung traditioneller Frauenthemen wie Verhütung, Lohndiskriminierung u.ä. Doch ist auch das nicht ganz so einfach, da sie die traditionellen Frauenthemen wiederum selbst in Frage stellen und gleichfalls als »eigentliche Männerthemen« bezeichnen. Außerdem greifen sie viele frauenbewußte Themen auf bzw. frauenfeindliche Tendenzen außerhalb der AL an, zu denen sie sich — durchaus im Sinne des AL-Frauenbereichs — politisch äußern.

Was die Diskussion untereinander so kompliziert macht, ist, daß sich einige Frauen als Feministinnen begreifen und andere sich genau dadurch ausgegrenzt fühlen. Ist eine gute Feministin die, die seit Jahren Frauenpolitik gemacht hat, selbstverständlich ausschließlich Frauenpolitik? Ist eine, die zwar Frauenpolitik vertreten hat, aber nicht ausschließlich, nicht gut genug, um in einer Frauenfraktion mitzuarbeiten? Oder reicht es einfach aus, sich neu auf dieses Gebiet einlassen zu wollen?

Parteilichkeit gegen Parteikonsens

»... und gerade eine feministische Frauenfraktion könnte diese Opposition realisieren. Zuviel ist insbesondere uns Frauen der patriarchalische Staat schuldig geblieben. (...) Wir wollen keine Lückenbüßerinnen sein oder im (feministischen) Modetrend schwimmen, sondern wir wollen eine Neubesinnung der AL und der Öffentlichkeit auf eine konkrete Utopie.«

Als ein paar Frauen in der AL die Forderung nach einer feministischen Frauenfraktion aufstellten, wollten sie das Parlament für sich, für Frauen nutzen und benutzen, wollten eine eindeutige Haltung der AL in der Öffentlichkeit dokumentieren über die Bedeutung von Fraueninteressen. Doch gleich nachdem die ersten Diskussionen zaghafte Blüten trieben, als die ersten Gedanken laut wurden, wie eine feministische Frauenfraktion aussehen solle, legte eine Gruppe von AL-Frauen folgende Stellungnahme vor: »Wir lehnen die Frauenfraktionsidee ab, weil das Ergebnis eine sektiererische Politik der AL wäre. Wir halten die unterschiedlichen Ansätze, wie sie bisher diskutiert wurden, im Kern für biologistisch, und damit auch diskriminierend gegenüber Frauen. (...) Der Begründungszusammenhang für beides läuft darauf hinaus, daß die Betroffenheit als Frau in den Mittelpunkt gestellt und zur Grundlage von AL-Politik werden soll. Frausein hat aber erst einmal nichts mit Politik zu tun; wenn trotzdem darin der zentrale Ansatz liegen soll, halten wir das für unpolitisch.«

Am Wort Feminismus erregten sich die Gemüter gar so stark, daß heute einige Frauen in der AL bewußt diesen Begriff vermeiden, um die Emotionen nicht noch weiter zu schüren oder sich gar Chancen zu vergeben (seriös zu bleiben!).

Ganz geschickt glauben jene zu argumentieren, die zwar nicht »grundsätzlich« gegen eine Frauenfraktion waren, aber »fachlich qualifizierte« Frauen wählen wollten. Sie setzten »fachlich qualifiziert« in Gegensatz zu »feministisch«.

»Auch bei der Frage nach der Qualifikation habe ich immer die Erfahrung gemacht, daß bei Frauen auch dann, wenn sie in der betreffenden Fachrichtung durchaus Ahnung haben, aufgrund des Interesses, daß Männer etwas werden wollen, ihre Qualifikation in Frage gestellt wurde. Daß es aber bei den Männern als besonders hervorragende Leistung und Mut angesehen wurde, wenn sie für ein Fachgebiet kandidiert haben, von dem sie absolut keine Ahnung hatten. Von daher sollten wir uns auch gegen diese Fragen nach Qualifikation wehren.« (Ilse Reichel-Koß, SPD-Abgeordnete in Berlin, 1984).

Sowohl die kandidierenden Frauen als auch viele andere AL-erinnen fühlten sich verunsichert. »Was versteht ihr denn unter Feminismus?« — »Ich habe noch nie zu Frauenfragen gearbeitet.« — »Ich würde es gerne versuchen, kann mir aber auch gut vorstellen, daß ich in meinem Bereich keinen Rückhalt hätte«, u.s.w.

Die Verunsicherung einerseits, das Entschieden-Dagegen andererseits sowie eine mangelhafte Bereitschaft zur intensiveren Auseinandersetzung sind genauso gute Gründe für das Scheitern der Frauenfraktionsidee wie der Vorwurf, zu viel gewollt und die Diskussion zu spät angeleiert zu haben. Betrüblich finde ich die Einstellung: »Das ist mir zu konzeptionslos, das diskutiere ich nicht weiter«, wie ich sie von vielen Frauen — gerade im Frauenbereich — hören mußte.

Folgen

Die mangelnde Bereitschaft der AL, sich mit dieser Idee vorwärtsweisend auseinanderzusetzen, mag sogenannte objektive Gründe haben. Die Sommerpause, in der viele aktive ALerinnen und ALer Zeit zum Entspannen und Erholen suchten, oder die ungeklärte SPD-Frage mögen solche Gründe sein. Aber schon die Tatsache, daß die SPD-Diskussion für die AL die wichtigere, zukunftsbestimmendere Entscheidung bringen sollte, halte ich nach wie vor für gefährlich für die Entwicklung der AL. Eine Idee wie die der Frauenfraktion als unpolitisch zu verdammen und sich gegen jede Weiterentwicklung zu stellen, fördert das Klima für eine »politikfähige« AL nach herrschenden Bedingungen. Daß gerade jene, die die Frauenfraktion so vehement boykottiert haben, heute nach einer politischen Schwerpunktsetzung schreien, ist der blanke Hohn.

Die Auseinandersetzung um frauenpolitische Inhalte hat uns die CDU mit ihrem Frauenparteitag spielend aus der Hand genommen. Mag sein, daß die hierarchischen Strukturen der AL der Verunsicherung vieler ALerinnen und ALer in dieser Frage sogar entgegengekommen sind. In der CDU bestimmen die Minister und der Vorstand (die in vielen Fällen identisch sind) die »Leitlinien der Politik«. Doch unsere Stärke hätte in der Parteilichkeit für Frauen liegen können, wenn sich die Mehrheit der Liste nicht für den Parteikonsens entschieden hätte.

Die AL hat eine Chance vertan. Radikalität in den politischen Forderungen ist ohne eine offensive Parteilichkeit nicht möglich. Für die CDU wie für die SPD kann es keine radikalen Frauenforderungen geben. Für viele Feministinnen, frauenbewegte autonome Frauen sind die Grün-Alternativen Hoffnungsträgerinnen, sich parteilich für Frauen einzusetzen, ohne Wenn und Aber für die Emanzipation der Frau auf allen gesellschaftlichen Ebenen zu streiten. Müssen wir aus dem Scheitern der Frauenfraktionsidee nicht konsequenterweise den Schluß ziehen, daß engagierte Frauenpolitik auch in der AL ihre Grenzen hat? Und wie schnell sind wir an diese Grenzen gestoßen!

Der individualistische Weg

»Gemeinsam könnten wir stark sein«. — Die Tradition der AL ist die des Konsens unter den Gruppierungen. Da gilt Frauenpolitik genausoviel wie alle anderen Politikfelder. Da spielt Frau-Sein höchstens eine »Betroffenenrolle«. Und betroffen sind die Frauen offensichtlich unterschiedlich.

Als Alternative zu den frauenfreundlichen Vorschlägen des Frauenbereichs wird die persönliche »Ochsentour« durch den Gremiendschungel der AL angeboten. »Ich werde nicht unterdrückt. Ich hab's geschafft.« Gemeint ist, daß Frauen lernen sollen, sich durchzusetzen, lernen sollen, sich an und mit den Männern zu messen.

Dieser Ansatz frauenbewußter Politik läßt sich in der AL entlang vieler Diskussionen verfolgen. Er wird als Meßlatte für jegliche Forderung angelegt. Erst das persönliche Profil, die eigene Durchsetzungsfähigkeit und die Klarheit in den politischen Positionen macht frau würdig, für ein Gremium zu kandidieren. Alle Initiativen, die mehr als eine Frau betreffen — wie z.B. Quotierung — werden von den Befürworterinnen dieses Ansatzes abgelehnt.

So geht es nicht!

Das Klima der Auseinandersetzungen unter den Parteifrauen hat sich in den letzten ein bis zwei Jahren erheblich verschlechtert. Doch über die Unterschiede in den Ansätzen von Frauenpolitik wird höchstens im kleinen Kreis des Frauenbereichs gestritten. Eine breitere Diskussion hat während meiner gesamten AL-aktiven Zeit nicht stattgefunden. Ich denke, daß genau hier der Ansatzpunkt für eine Annäherung der Frauen liegt. Dadurch könnten eventuell auch die verschiedenen Diffamierungen gegen einzelne Frauen aufgefangen werden.

Ob er es will oder nicht, kommt dem Frauenbereich der AL an dieser Stelle eine zentrale Aufgabe zu. Die Notwendigkeit, auf andere aktive Frauen in der Liste zuzugehen, sie zu gemeinsamen Diskussionen aufzufordern, Frauen-VVs u.ä. zu organisieren, ist im Frauenbereich unbestritten. Jedoch mangelt es bei der Ausführung erheblich an gezielter Vorbereitung. Der Frauenbereich hat es u.a. versäumt, die Auswirkungen ebenso wie die Gründe für das Scheitern der Frauenfraktionsidee zu analysieren und Konsequenzen daraus zu ziehen. Nicht einmal die Tatsache, daß nach der »Frauenschlammschlacht« die Herren der Schöpfung ungeniert eine Frau ausbuhen konnten, die sich für die Einhaltung der Quotierung bei den Parlamentslisten aussprach hat, nötigte den Frauenbereich zu aktivem Eingreifen.

Wenn jetzt erneut Versuche gestartet werden, die einzelnen Aktivitäten anderer Bereichs- und Bezirksfrauen zu koordinieren oder erst einmal schlicht kennenzulernen, dann darf der Frauenbereich m.E. eines nicht vergessen: Die Frauen, mit denen sie sich gestritten haben, erreichen sie so nicht. Sicherlich ist es unbedingt erforderlich, aus dem eingeschränkten Kreis der Diskutantinnen hinauszukommen und zu erfahren, wie die bislang »Stillen« ihre Rolle in der AL sehen. Aber Vorsicht! Die bereits existierenden Erfahrungen, das »Hick-Hack« mit anderen Frauen dürfen nicht verleugnet werden. Sie sind Teil der Geschichte, die der Frauenbereich in der AL erlebt hat.

Wer für Veränderungen kämpft, muß Erwartungen an andere Frauen immer wieder bewußt und hartnäckig formulieren. Doch müßte beispielsweise der Frauenbereich — nimmt er seine Arbeit in der AL ernst genug — Vorgaben machen. Die Auseinandersetzung um seine Stellung bzw. Beziehung zu den »permanenten Gegnerinnen«, also denen, die immer wieder den individualistischen Weg gehen wollen, sollte auf einer Bereichssitzung geklärt werden. Als Vorbereitung einer Frauen-VV könnten verschiedene Papiere verfaßt werden, die erstens dieses Verhältnis offenlegen und zum zweiten die Ansätze von aktiver Frauenpolitik zur Diskussion stellen. (Z.B. gehört hierzu die Erwartung an andere AL-Bereiche, frauenspezifische Probleme *selbst* zu erarbeiten.)

Sprengstoff

Ich habe es schon angedeutet: Nicht nur das Verhältnis der Frauen untereinander hat sich verschlechtert. Durch das unsolidarische Verhalten von Frauen haben die »Macker« in der AL Oberwasser bekommen. Wer noch vor zwei Jahren in die Luft ging, weil die Männer zu den Frauenthemen ihren Mund nicht aufkriegten, kann jetzt mit allen Sinnen vernehmen, was sich in all den Jahren Frauenbewegung und -power in den Männern abgespielt hat: *fast gar nichts.*

Die schleichende Entwicklung der AL in Richtung »verantwortungsbewußte Partei« begünstigt noch, daß die Frauen ins Hintertreffen geraten. Nach einem Jahr Frauen-GA ziehen unsere »Parteifreunde« selbstbewußt über das »unpolitische Herangehen der Frauen« her, ohne daß sich eine oder einer ihnen in die Quere stellen würde.

Diejenigen Frauen, die von den »respektablen und ernstzunehmenden Gegnern« sprachen, die mehr zu bieten hätten als Lippenbekenntnisse, dürfen ihre Augen nicht vor dem verschließen, wozu sie indirekt oder direkt beigetragen haben. Wir sind weit davon entfernt, daß die AL-Männer ebenfalls den »Mut zum Aufbruch« beweisen und die alten »eingefahrenen Verhaltensweisen« ad acta gelegt werden. Das hemmungslose Ausspielen von Frauen hat zu dem neuen Männerselbstbewußtsein entschieden beigetragen. Der Druck, den Frauen ob ihres neuen Bewußtseins einst auf die Patriarchen in der Partei ausüben konnten, ist aufgeweicht.

»Auch diejenigen, die die Gesellschaft in kleinen Schritten reformieren wollen, gehen von der utopischen Vorstellung aus, daß Frauen nur deswegen eigene Organisationen bilden müssen, um sich irgendwann einmal, dann, wenn die Politik der kleinen Schritte zu einer Gleichstellung geführt hat, selbst aufzulösen. (...) Erklärter Zweck ist es, Frauen in die Gesamtorganisation zu integrieren, die — noch, wie sie behaupten, — von den Männern dominiert wird. In der Illusion dieser Integrationsvorstellung verewigen sie sich selbst zu einflußlosen Vasallinnenorganisationen (...) irren in doppelter Hinsicht. Sie verkennen den immanenten Charakter des Männerbündnisses, den unsere Institutionen besitzen (...) sind keine geschlechtsneutralen Institutionen, sondern eine ihrer wesentlichen Funktionen liegt darin, selbst unentwegt die MÄNNLICHE IDENTITÄT HERZUSTELLEN und IHR SELBSTBEWEISE ZU ERMÖGLICHEN.« (M. Janssen-Jurreit, Sexismus)

Es geht also letztendlich darum, das, was Frauensolidarität an Chancen für eine Veränderung der eigenen Situation bietet, auch in der AL, auch bei den GRÜNEN verdammt ernst zu nehmen. Statt uns gegenseitig unseren Handlungsspielraum einzuengen, ist es unbedingt notwendig, einen gemeinsamen Grundkonsens für den Kampf um Frauenbefreiung und Veränderung der Verhältnisse zu finden.

Auch wenn wir über unser politisches Engagement einen hohen Grad an Identifikation mit der Partei erreicht haben, müssen wir eine gewisse Distanz zu der Institution »AL« bewahren. Wir dürfen nicht vergessen, daß für Männer Politik machen bedeutet, ihre eigene gesellschaftliche Rolle nicht zu hinterfragen!

(Alle nicht belegten Zitate sind Diskussionsfragmente von AL-Frauen, d. Verf.)

Adrienne Goehler

Hier geht es um die Macht, meine Damen und Herren! Hier geht es um eine andere politische Kultur!

... weil die Langeweile genau wie die Not in sich einen Anstoß enthält, mit ihr zu brechen.
Ernst Bloch

Statt Ausblick — Einblick in die Möglichkeit

Donnerstag, 13.2.1986
Zwei Tage vor der alles entscheidenden Vollversammlung treffen sich alle Frauen, die sich nach unterschiedlich langen Kämpfen mit sich und ihrem Umfeld entschlossen haben, das Experiment zu wagen. Teils vorgeschlagen von Fachgruppen oder Bezirken, in denen sie vorher ihr Interesse an einer Kandidatur deutlich machten, sitzen sie seit einigen Monaten regelmäßig zusammen, um zu sehen, ob sie genügend Motivation, Selbstbewußtsein und was da alles so dazu gehört, aufbringen. Heftige Kämpfe um das »wie« tobten, schließlich konnten sie sich auf die groben Linien dessen, was sie als dringend veränderungsbedürftig ansahen, einigen. Erstaunlicherweise haben nur wenige der Frauen, die regelmäßig an den Treffen teilnahmen, wieder einen Rückzieher gemacht. Das ist ein erster Erfolg.

Zwei Tage vor der alles entscheidenden Vollversammlung: die erste Supervision scheint fällig. Die 27 Frauen können sich auf keine gemeinsame Vorgehensweise einigen. Die einen kritisieren die anderen für zu wenig oder zu viel Power. »Da würde sichtbar, daß wir es uns eigentlich gar nicht zugestehen, wenn wir so zögerlich wären« ... »Genau das Gegenteil sei der Fall, große Klappe, nichts dahinter«, »schließlich wüßten wir ja wirklich nicht, wo wir nach vier Jahren ankommen«. Ob wir denn unbedingt einheitlich auftreten müßten, Eindeutigkeit suggerieren, wo doch keine wäre? Das nämlich wäre mal wieder typisch für die Frau, bloß keine Unstimmigkeiten. Das Reizwort »Harmoniebedürfnis« macht die Runde, die Luft ist zum Zerreißen gespannt. Natürlich gibt's Fraktionierungen, Mißtrauen. Lotte fühlt sich geleimt, von Iris völlig im Stich gelassen, überhaupt hat sie seit ein paar Tagen den Eindruck, daß hinter ihren ständigen politischen Meinungsverschiedenheiten ein anderer Klops steckt. Soll sie das jetzt ansprechen, schließlich sei ja Supervision, und da sollen wir so was ja besprechen können?

Anna spricht aus, was offenbar einige andere auch denken. »Ich frage mich, ob wir nicht grade dabei sind, umzufallen? Uns zu sagen, daß wir es doch nicht wollen?« Nun werden die heftigen Verteidigungsreden geschwungen. »Alles Projektion« ...

Uta, unsere Supervisorin, bemerkt, daß doch einfach nur deutlich werde, daß die Frauen unterschiedliche Strategien hätten, mit Unsicherheiten umzugehen. Sie stellt die Tendenz fest, der jeweils anderen Strategie so eine Art Verrat zu unterstellen. Hm, ist was dran.

Samstag, 15.2.1986
Die Frauen rücken von einem gemeinsamen Frühstück an. Vielleicht war es das Letzte? In der Vorhalle der Versammlung banges Schweigen, nervöses Rauchen, aber auch Zuversicht. »Wer sagt denn was zum Kollektiv?« Das wollte Jutta übernehmen, ansonsten jede zu ihrem Fachgebiet und zur Frage der Zusammenarbeit mit der SPD, aber keine will den ersten, den »einleitenden« Beitrag halten. Nur nicht als »Leithammel« dastehen. Werden überhaupt genügend Leute kommen, oder sollen wir ins Leere laufen, werden die Männer »mit den Füßen abstimmen«, d.h. sich in die Debatte nicht einmischen, sich aber in der entscheidenden Abstimmung dagegen aussprechen?

Jemand schleppt Blumentöpfe rein. Was soll das? Da feixt auch gleich so'n Typ los: »Aha, hier wird die *andere* Qualität von Politikverständnis sichtbar!!« Scheißkerl, für die Blumen sind wir nicht verantwortlich.

Der Saal ist brechend voll. Das deutet auf Neugierde, aber auch auf eine mögliche Schlacht hin.

Der erste Antrag liegt vor: erst Programmdebatte, dann anhand von Sachfragen entscheiden, ob Frauenfraktion ja oder nein. Genau so haben wir's uns vorgestellt, wie schön, daß die Männer so berechenbar sind! Die Frauen halten dagegen, aber zu unserem Erstaunen auch die Männer. Also, Antrag abgelehnt. Die Redeliste für »Frauenfraktion ja oder nein« wird eröffnet.

Für Erheiterung sorgt die Tatsache, daß zum erstenmal viel mehr Frauen als Männer sich zu Wort melden. Gut, dann müssen wir noch ein bißchen warten, bis wir das Reißverschlußprinzip (Folge: Frau-Mann-Frau-Mann etc.) hinkriegen.

Viele unbekannte Gesichter melden sich zu Wort. Es war gut, daß wir vorher einen ausführlichen Bericht an die verschiedensten Bürgerinitiativen und das sonstige Umfeld der GAL geschickt haben, an all die, die nicht sowieso schon in die Diskussion eingebunden sind. Hauptknackpunkt scheint die Parität, die immer wieder ins Feld geführt wird. Schließlich, nach zähem Ringen, mag doch das Argument überzeugen, daß die Parität, wie die Erfahrung zeigt (und dafür werden eine Vielzahl von Beispielen genannt) von der Fiktion ausgeht, Frauen und Männer seien gleich. Gleich stark, gleich durchsetzungsfähig. Na, wie sind sie denn? ANDERS. Nun haben wir die Diskussion, obwohl wir gerne vermieden hätten, die Debatte auf dieses Wort zuzuspitzen. Im Sprechen darüber wird doch deutlich, daß die Frauen eben ANDERS argumentieren, ANDERE Gewichte setzen, ANDERE Blickwinkel und Maßstäbe anlegen, auch an dieses vermaledeite »anders«.

Auffällig ist, daß, wenn Männer die Frauenfraktion verteidigen, sie dies meist mit den Worten einleiten: »Obwohl ich kein Anhänger dieses Modells bin ..., so muß man doch berücksichtigen ...« oder: »Bei allem, was man gegen diesen Vorschlag an berechtigter Kritik vorbringen kann ..., so muß man doch sehen, daß ...« Die Gegner-Männer kontern mit »Anbiederung«, mit »Angst, die Frauen zu kritisieren, auch das sei Diskriminierung«. Kurzum: die Männer haben Streit, quer zu den gewohnten Fraktionierungen. Unsere anfänglichen Befürchtungen, daß die Männer die inhaltliche Debatte sabotieren, und wir Frauen miteinander eine Art »Weibercatch« liefern würden, hat sich nicht bestätigt. Durch eine Vielzahl von Gesprächen zwischen den gegnerischen Frauen, im großen und kleinen Rahmen, konnten die Hauptdifferenzen ausgeräumt werden. Skepsis und Unterschiede sind geblieben, aber wir haben sie hingekriegt: die Einheit in der Vielfalt. Hilfreich waren uns vor allem die Nicht-GALlierinnen, die mit unseren alten Konflikten und Wunden höchst pragmatisch umgingen. Der Widerspruch — Frauenpolitik versus Gesamtpolitik der GAL — löste sich dahingehend auf, daß drei Frauen aus der autonomen Frauenbewegung, die ja mangels Bewegung »arbeitslos« sind, dafür sorgen würden, daß auf der Liste spezielle feministische Interessen gewahrt würden, die aber den restlichen Ansatz mittragen könnten.

Die Frauen stellen sich nacheinander vor, haben auf unverhältnismäßig viele Fragen zu antworten, auch auf unverschämte. Ein kleiner Vorgeschmack darauf, was uns künftig erwarten wird. Immer wieder die gleichen Fragen, entlang von Sachthemen: »Und was, bitte, soll daran nun weibliche Herangehensweise sein? Das hätte ich als Mann ebenso gefordert.« Bei uns setzt das Gefühl ein, daß die Diskussion sich im Kreise dreht, wir fordern ein Meinungsbild. Herzklopfen, alles stürmt zum Handheben in den Saal.

186:134:91. Ach, du Scheiße. Unter den Gegnern viele Frauen. Jetzt müßten die anerkannten Feministinnen in die Bütt, vielleicht könnten sie noch Unklarheiten beseitigen. An dem folgenden Hickhack der Geschäftsordnungs-Debatte wird deutlich, daß diese Abstimmung die Gemüter arg bewegt. Rosa, die für die Frauenfraktion kandidieren will, macht klar, daß sie bei soviel Gegnerschaft und Enthaltungen keine ausreichende Bereitschaft sieht, das Experiment einzugehen, das ohne die Unterstützung der Gesamtpartei nicht klappen wird.

Wir wollen vor allem verstehen, weshalb sich so viele enthalten, das geht bei so einer Frage einfach nicht. Wiedereröffnung der Diskussion. Die Ablehnungsfront hat Kreide gefressen und natürlich kommt das sogenannte Kompromißangebot. Wie wär's denn, wenn wir uns mit 60-70 % aus unserer Damenriege begnügten, dazu noch einen Betriebsrat aus der IG-Chemie, einen zweiten — oppositionellen — aus der IG-Metall und diesen gefeuerten Postler. Draußen in der Lobby appelliert MANN an unsere Vernunft. Wir rasten aus. Haben wir nicht in *aller* Deutlichkeit gesagt, daß ein bißchen Frauenliste genausowenig geht wie ein bißchen schwanger sein?

Während einige vor Wut schäumen oder in Resignation verstummen, erklären die Gefaßteren von uns noch einmal, daß wir für eine gemischte Fraktion *nicht* zur Verfügung stehen. Die Stimmung ist so aufgeheizt, daß so ein Abwiegler von Mann, nicht ohne die lässige Bemerkung fallen zu lassen, daß die Frauen sich ja schon gut einführten, die Vertagung der Diskussion fordert. Wir unterliegen mit unserem Wunsch nach jetzt und sofort. Die Versammlung ergießt sich in die Kneipen. Wir machen eine Krisensitzung. Schwanken? Quatsch, nie waren wir uns einiger. Währenddessen überlegen die Altkader, wie sie uns spalten könnten, wollen einige von uns auf ihre gemischte Liste rüberziehen. Das denken sie sich so mit ihren Grappa- und Ouzoköpfen, — liste mista — nix da! Wohl der, die eine Liebe hat und jetzt in dessen Arme sinken kann.

Sonntag, 16.2.1986
Alle berichten von einer schrecklichen Nacht. Alpträume, Kampfträume, Urlaubsträume, nach dem Motto: »Ich bin überhaupt nicht hier!« Annas Kind hat Fieber und Katjas Freund eine andere. Ruth hat starke Zweifel an unserm Vorhaben und Blutungen, Emma verkündet, daß sie heute auf keinen Fall reden könne, ohne diesem Kotzbrocken, na ihr wißt schon wem, an die Gurgel zu springen.

Den Überblick haben offenbar nur noch Angela und Lena. Die haben auch mit vielen von denen gesprochen, die sich enthielten. Der Antrag auf paritätische Besetzung liegt vor, da finden wir schnell zu unserer Höchstform zurück. Nach einem Pro- und Contra-Beitrag klar abgeschmettert.

Ja, und dann geht alles ganz schnell. Die gesammelten Pressefritzen — einige Agenturen und Rundfunkredaktionen ließen es sich nicht nehmen, zu diesem Anlaß Frauen, jawohl, zu schicken — in Startposition;wir sind mitten in der Abstimmung ... 213:101:43. WAHNSINNIG. WAHNSINNIG. Sektkorken, Umarmungen, Blitzlichter, aus der Lautsprecheranlage: »Freude schöner Götter Funken, Töcher aus Elysium ...« Tränen, Verwirrung. Dann Pressekonferenz. Es ist uns fast, fast schon egal, in welcher Reihenfolge wer auf die Liste kommt.

Wir stellen unsere Absichten, Schwerpunkte etc. vor, loben die GAL in ihrer Entscheidungsfreudigkeit, plötzlich sind uns auch Männer nah, die ihre Niederlage prima tragen, ach, es ist alles wunderbar. Wir stellen dar, was wir mit vernetzter Politik meinen, reden alle durcheinander, der Herr von AFP, der Nichtgeladene, schaut pikiert. Macht nichts. Wir finden ihn genauso widerlich wie er uns.

Für den übernächsten Tag, wenn Programm und Kandidatinnenliste feststehen, laden wir wieder zu einer Pressekonferenz. »Meine Damen und Herren ...«, eröffnet Lina den Morgen und zupft sich amüsiert ihren Fummel zurecht.

GAL-Intern La Coupole, Dez. ’83

Aber ist das denn schon Utopie?

mensch, dieser bloch, dieser ernst bloch, hat mir doch glatt wieder mut gemacht, mich — zumindest gedanklich — über pragmatisch-prinzipialistische diskussionen wie rotation vor parität oder parität vor rotation (oder pariation gleich rotatät?) hinwegzusetzen.

wie wäre es denn, wenn wir, statt nur den begründeten kampf um gleichberechtigung, um die traditionellen männerpfründe zu führen, uns einfach mal auf ein *experiment* einließen, nämlich *alles* zu wolllen und für eine wahlzeit *nur frauen* im parlament arbeiten zu lassen?

nicht weil es unser image aufpolieren würde, oder weil frauen mindestens genauso gut, wenn nicht besser politik machten, oder weil die zukunft in frauenlisten läge, nein einfach weil frauen *anders*grün-alternative politik machen als männer. dieses »wie anders« hätte ich gerne greifbarer, faßbarer. das »wie« könnte aus den angeln heben, stell ich mir vor.

klar, ich seh schon die journalje geiern, die boulevardpresse voll, hinter vorgehaltener hand die kompetenzfrage gestellt... sicher ließe sich auch irgendwas finden, wofür sich solch ein experiment funktionalisieren ließe, aber dennoch —

wie wärs, wenn wir das mal weiterspinnen würden, uns frühzeitig nach frauen umgucken, die lust auf solch ein experiment hätten, nach ökologinnen, haushaltsexpertinnen, gesundheits-, kultur-, wirtschafts-, energie-und-und-und-arbeiterinnen?

— wenn wir wühlen würden, im fundus, den es doch so vielerorts im bestehenden schon gibt, auch und gerade außerhalb der GAL?

— wenn es ein Projekt der frauenforschung gäbe, das das experiment des »noch-nicht« und die möglichkeit des »anderen wie« begleiten würde?

wie wärs?

— einfach ausprobieren —

Adrienne Goehler

Zur Vorgeschichte I

Bestandsaufnahme.

Die Vorzeigeseite der GAL: Wir sind wer. Wir haben Kompetenz und Hartnäckigkeit bewiesen, sind zu einem — von fast 50 % der Bevölkerung dieser Stadt gewünschten — politischen Faktor geworden. Man bringt uns Vertrauen und Informationen entgegen. Unsere Existenz hat das politische Gesicht Hamburgs geliftet; wir sind zu einem Hoffnungsträger geworden, der das politische Klima verändert hat. Unser jahrelanger, mühsamer, oft ohnmächtiger außerparlamentarischer Protest hat somit mindestens auf dieser Ebene zum Erfolg geführt. Wir haben die Demarkationslinie der Marginalisierung überschritten. Stolz muß erlaubt sein: aus der Opposition heraus haben wir immerhin bewirkt, daß erstmalig in der Geschichte der BRD eine chemische Giftschleuder wie Boehringer aus ökologischen Gründen schließen mußte. Nicht zuletzt dadurch ist das innerparteiliche Ansehen der GAL gestiegen, die doch immer im Ruf stand, nicht »richtig« ökologisch zu sein. Die GAL-lier/innen haben ideologisch wie praktisch die linke-Tellerrand-Politik verlassen, ihren politischen Horizont erweitert, eigene und fremde Verkehrsformen ins Wanken gebracht.

Die (wahlweise) Vorzeige- oder Kehrseite der GAL: Wir sind salonfähig, anständig und bieder geworden.

Die Kehrseite der GAL: Die GAL ist langweilig! Unser äußerer, parlamentarischer Erfolg steht in keinem Verhältnis zu unserer inneren Glanzlosigkeit und Überkommenheit. Unsere hehren außerparlamentarischen Ansprüche sind zunehmend auf der Strecke geblieben. Statt von den Bürgerinitiativen getragen zu werden, sind wir höchstens noch ihr Lobbyverein, kurz: unser Standbein ist eingeschlafen. Die Aktivisten sind auf einen Haufen ausgedienter Kader zusammengeschrumpft, die Angst vor neuen Mitgliedern haben, weil sie nicht wissen, wie sie sie in ihre Arbeit (eben: welche?) einbinden sollen. Am Ende würden die »Neuen« denken und machen, was sie wollen; ja, wo kämen wir dann hin? Die Fachgruppenarbeit läuft leidlich, aber unverbunden nebenher, Parteigremien lehren einen das Fürchten, Mitgliederversammlungen als »höchstes beschlußfassendes Organ« sind auf das Skelett der Parteibürokrat/inn/en und Funktionär/inn/en geschrumpft. Mit einem

Großteil der Gründungsmenschen der GAL fällt mir auf, daß aus den veränderten politischen Inhalten keine politische Kultur geworden ist. Hier herrscht bei uns finsterer Konservatismus. Geradeaus gesagt: die Leute haben keine *Lust* auf, in und an der GAL. Unsere Politik ist uns zu einem mühsamen Geschäft geworden, wir haben nicht gehalten, was wir uns von uns versprochen haben, nämlich Trägerin einer veränderten politischen Kultur zu sein, ein Stück konkrete Utopie vorzuleben.

Am schnellsten haben sich die Frauen aus dieser freudlosen, lähmenden GAL-Realität zurückgezogen, wir, die wir uns 1982 die selbstüberschätzende Parole: »Bei uns kandidieren auch Männer« gewählt hatten. Wir, die wir diesen Laden mit so viel Elan mitaufgebaut hatten, sind lustlos geworden, müde und sind gegangen; einfach weggeblieben, oder aber wir erledigen die fleißige Hausfrauenarbeit in der GAL. Die Meriten ernten nur wenige, sie würden auch gar nicht für alle reichen.

Bei vielen Frauen schleicht sich zunehmend das Gefühl ein: »Die GAL ist nicht mehr meine Organisation, der politische Ort, an dem ich mich einbringen kann, da fühl' ich mich nicht wohl, da ziehe ich keine Kraft aus Diskussionen und Aktionen.«

So ähnlich ging es vielen von uns schon einmal, als sie nach den Erfahrungen im SDS die Konsequenz zogen, sich autonom zu organisieren.

Heute ist nicht Anfang der 70er Jahre, wir haben mittlerweile andere Dinge gedacht und gelebt, und für eine Reihe von uns genervten Frauen ist weder die Autonomie noch der Rückzug aus der GAL eine Alternative. Es muß anders *in* der GAL werden. Die CDU-Männer sagen uns Frauen wieder, daß unsere Bestimmung bei Küche, Kinder, Heimcomputer liege, dorthin werden die Frauen mit reaktionärer Moral und mit Prämien gelobt, bei den Frauen regt sich allerdings kaum Widerstand dagegen.

Wo sind sie denn, die Scharen, die Geissler & Co. mit Kochtöpfen auf die Bude rücken, sie ihnen um die Ohren zu hauen? Und wo sind die Frauen innerhalb der GAL noch sichtbar?

Auf dieser wenig erfreulichen Grundlage treffen sich ein Dutzend Frauen, im Frühling 1984, alle schon mehr oder weniger lange in der Politik tätig, und diskutieren den Querschläger »GAL-FRAUENFRAKTION«.

Die Schwierigkeit meiner Position, die beinhaltet, daß die

GAL sich als *Gesamtorganisation* auf das Experiment einläßt, sich ab 1986 für die nächste Legislaturperiode ausschließlich von Frauen in der Bürgerschaft vertreten zu lassen, ist die, daß ich auf keine Empirie verweisen kann, da es in der Geschichte kein Beispiel dafür gibt, daß sich je eine inhaltlich und zahlenmäßig männlich dominierte Organisation von einer Frauenfraktion im Parlament hätte vertreten lassen, und die Politikklassiker/innen sich zu dieser Frage auch nicht in der leisesten theoretischen Form geäußert haben. Schwer ist zu beschreiben, was noch nicht Realität ist, sondern in der Zukunft liegt.

Ich werde für die Idee einer GAL-FRAUENFRAKTION keine Begründung liefern, die sich aus einer historischen Notwendigkeit ableiten ließe, kann keine Garantie geben, daß die Frauen und Männer in der GAL dadurch einen entscheidenden Durchbruch hinsichtlich der Geschlechterfrage erzielen werden und will es mir auch nicht so leicht machen zu sagen: Jahrhundertelang sind wir von den Männern beherrscht worden, Grund genug, den Spieß mal umzudrehen.

Kurzum, ich kann mich nicht auf traditionelle Denkweisen beziehen, sondern will Euch auffordern, Euch auf einen Prozeß einzulassen, an dessen Ende eine andere Qualität von grünalternativer Politik und politischer Kultur stehen könnte, auf einen Prozeß der allerdings eine »fundamentale Korrektur der Art und Weise Politik zu machen, voraussetzt.« (Pietro Ingrao) und sich nicht auf Kategorien wie »fundamental« oder »real« reduzieren läßt.

Ich kann meine Thesen nicht beweisen, ich kann lediglich den Boden beschreiben, auf dem diese Idee entstanden ist (s.o.) und auf Voraussetzungen, eine Geschichte hinweisen, auf die die FRECHEN FRAUEN mehr oder weniger stark zurückblicken, eine Geschichte, die eingeflossen ist in das, was wir heute denken.

Zur Vorgeschichte II

Es hat in den letzten zwei Jahrzehnten verschiedene Wege von Frauen gegeben, sich politisch/gesellschaftlich mit den Unterschieden von Frauen und Männern auseinanderzusetzen.

Die Wissenschaften, diese männliche Domäne, geriet zunehmend unter Beschuß. Wir sagten: Männer haben Nobelpreise gekriegt für die perfidesten Formen von Menschenvernichtung, haben in ihren Wissenschaften Planung, Entwicklung und Realisierung immer subtilerer Formen von Herrschaftssicherung betrieben.

Wir stellen fest: Hierbei saßen und sitzen die Frauen weitgehend auf den Zuschauerbänken. Dies ist nicht ausschließlich von Nachteil: Die Tatsache, daß wir zur Passivität verdonnert waren, könnte uns auch vor Schädigungen bewahrt haben.

Frauen, die in ihren Mischorganisationen blieben und dort mit mehr oder weniger großem Erfolg dagegen ankämpften, daß die Frauenfrage zur Nebenfrage abgestempelt wurde, gerieten in zunehmenden Widerspruch zu den autonomen Frauen. Feministin zu sein oder Organisationsfrau wurde zur großen Entscheidungsfrage.

Der Hit wurde die neue alte Mütterlichkeit. Die Formel »Das Persönliche ist politisch« fand eine Art Umkehrung: »Politisch ist auch, wenn ich mich mit mir und meinem Bauch beschäftige.« Dies kann als eine mögliche Antwort auf empfundene Ohnmacht verstanden werden, wenn es Phase bleibt und nicht zur Ideologie erhoben wird.

Was ich scheinbar chronologisch aufgelistet habe, ist nicht abgeschlossen, bezeichnet Entwicklungen, die parallel verlaufen, sich auseinander ergeben. Aber bisher ging und geht es bei der Arbeit von Frauen meist um Abgrenzen, Verteidigen, Fordern, Anklagen, Einklagen, jedoch meines Wissens nie um die *Machtfrage*, die die Frauenbewegung oder die Frauen in ihren männlich dominierten Organisationen gestellt hätten. Vielmehr haben wir uns im wesentlichen auf klar eingegrenzte Politikbereiche beschränkt; als da sind: Frauen und § 218, Frauen und Gewalt, Frauen und Lohnarbeit, Frauen und ... Seit einiger Zeit konstatieren wir Veränderungen: so müde auch Frauenversammlungen, Frauendemonstrationen und Frauenwochen verlaufen, so brennendes Interesse wird sichtbar an Diskussionen, in denen es um *Frauen und Macht* geht, oft unter der Zuspitzung, »Frauen und parlamentarische Macht«.

»Emanzipation ist ein politisches Projekt« (Rossana Rossanda)

Die grün-alternative Bewegung blieb von dieser Entwicklung auch nicht ausgenommen; so gesehen hatte der Vorschlag, eine GAL-Frauenfraktion zu bilden, der ein Resultat innerparteilichen Frusts ist, eine äußere Entsprechung gefunden.

Auf der Grundlage von deutlich veränderten Bedürfnissen und Forderungen von Frauen gibt es Indizien für einen Umbruch. Frauen denken nicht nur laut über Macht nach, sie brechen auch ein in etablierte und traditionelle Männerterrains, und — Frauen werden schöner, erwachsener, vollständiger. Frauen wachen auf. Nicht als Bewegung, sondern als Einzelne. Einige siedeln den ersten Ausdruck des Umbruchs mit der Sommeruniversität 83 in Berlin an, dort wurde erstmals das Konzept eines »Weiberrates« diskutiert (s.u.), andere sehen ihn im Bonner »grünen Feminat«. Wie dem auch sei, feststellen können wir schon jetzt, daß zwar einerseits die Frauenbewegung tot ist, aber die Frauen leben.

— Kommunalwahl in Bayern, 1984: »Auf den Dörfern reine Frauenlisten.«
— Die Bundestagfraktion der GRÜNEN wählt 6 Frauen an ihre Fraktionsspitze. (März 1984)
— Die Bundestags-CDU-Frauen verlassen hörbar die Fraktionsdisziplin bei der § 218-Debatte.
— Wahl eines linken Frauenblocks in den mehrheitlich rechten Männervorstand der Hamburger Anwaltskammer.
— Die Alternative Liste Westberlin wird von einem reinen Frauenvorstand (= Geschäftsführender Ausschuß) angeführt.
— Westberlins SPD-Apel, dieses reaktionäre Exemplar von Mann, stellt, sicher nicht freiwillig, eine paritätisch besetzte Wahlkampftruppe zusammen.
— Kommunalwahl Baden-Württemberg: »Frauenliste Willstätt«.
— Kommunalwahl Nordrhein-Westfalen: »Erster grüner Bürgermeister (!!) ist eine Frau« (taz, 17.10.1984).
— »Frau Männle (CSU) fordert Frau im Kanzleramt« (FR, 18.12.1984).

Diese Meldungen mit dem Sturm aufs Patriarchat zu verwechseln, oder gar in ihnen den Anbruch des Matriarchats zu wittern (den thematisiert außer Rudi Bahro und Peter Glotz derzeit, meines Wissens niemand) liegt mir fern. Diese Meldungen weisen dennoch auf Nennenswertes hin:
— Bei Frauen gibt es so etwas wie eine produktive Unruhe, sie mischen sich ein. Sie verlassen zunehmend ihre ihnen zugewiesenen Bahnen, und das auf der Folie eines sich deutlich abzeichnenden Rechtsrucks.

— Diese Entwicklung läuft ziemlich, wenn nicht völlig an der Frauenbewegung vorbei, scheint ihr Zentrum eher im parteipolitischen Spektrum zu haben.

Für mich steht eines fest: das GRÜNE Feminat ist unter allen Beispielen für mich das interessanteste, weil es angesteckt hat, strukturelle Haarrisse in einem verkommenen herrschenden Denkgebäude bewirkt, ein Eindringen in männliche Selbstverständlichkeiten.

Nicht reduziert auf die Intention »Frauen machen Frauenpolitik«, sondern: Frauen reklamieren für sich, die Gesamtgeschicke in ihre Hände zu nehmen, fangen an, innerhalb männlich dominierter Strukturen die Machtfrage zu stellen.

Sollte es stimmen, wie in einem taz-Interview mit einer der grünen Sprecherinnen erwähnt, daß laut einer Umfrage 53 % aller befragten Frauen das grüne Feminat als positiv beurteilen, dann würde dies eine breite Zustimmung von Frauen gegenüber solchen Entwicklungen signalisieren.

Ob die jüngste politische Initiative einiger grüner Frauen, (»Zum Überlebenskonzept der grünen Partei«, Antrag an die Bundesversammlung der GRÜNEN) flügelübergreifende Früchte tragen oder gar die Partei zu radikalen anderen Wegen bringen wird, bleibt indes noch abzuwarten. Doch wird bereits jetzt sichtbar, daß die Frauen ihre zugewiesenen Bahnen verlassen, wenn sie nicht bei der Feststellung stehenbleiben:

»Uns ist aufgefallen, daß die öffentliche, zunehmend polarisierte Debatte seit dem 12. Mai überwiegend von einigen 'unserer' Männer bestimmt wird. (...) Das verbal-radikale Heldentum aus alter Männerherrlichkeit ist groß im Schwange.« (zit. nach Papier der Autorinnen)

sondern, wenn sie gleichzeitig deutlich artikulieren, daß sie sich einer Politik, die Köpfe und Flügel der Partei stutzen will, in den Weg stellen —

»Wenn andere an der Demontage und Selbstzerstörung der GRÜNEN arbeiten wollen, wir Frauen sind jederzeit in der Lage, die Führung der ganzen Partei zu übernehmen (incl. der Finanzen!), und zwar mit Frauen aller politischen Flügel und aus allen Landesverbänden. (op. cit.)

Plädoyer für ein Überdenken des Begriffs »Feminismus« innerhalb der GRÜNEN

Die FRECHEN FRAUEN sind dem Vorwurf des Nicht- oder »Unfeminismus« ausgesetzt, da wir uns gegen eine Gleichsetzung von Frauenfraktion und Schwerpunkt (traditionelle) Frauenpolitik ausgesprochen haben.

Das Bonner Feminat der GRÜNEN wird von Feministinnen als »unfeministisch« kritisiert und abqualifiziert.

HERRGOTTNOCHMAL! Was ist eigentlich Feminismus? Dieses Damokles-Schwert, das über unseren Häuptern schwebt? Dieser mahnende Zeigefinger?

Ich kenne dieses ungute Gefühl, daß ich mich irgendwie fehlverhalte, aus zwei Stationen meiner Biographie: aus dem Katholizismus und der Zeit des K-Gruppen-Dogmatismus. Ich habe seit dieser Zeit eine tiefgehende Abneigung gegen jede Art von -ismen; sie sind ein HERRschaftsinstrument, sie dienen der Ausgrenzung. *Ismen machen mir Pickel.*

Bin ich eine gute Feministin, wenn ich mich um die traditionellen Politikfelder wie Frauen & Soziales, Frauen & Erwerbslosigkeit, Frauen & Gewalt kümmere? Und wenn ich's nicht tue, bin ich keine? Bin ich eine gute Feministin, wenn ich Straferhöhung für Vergewaltiger fordere?

Kriegt Antje Vollmer aus der grünen Fraktion die Qualität, Feministin zu sein, entzogen, weil sie in einem EMMA-Interview sagt: »Wir werden am Ende nicht daran gemessen werden, ob wir die oder die Frauenforderung durchgebracht haben, sondern daran, ob wir ein überzeugendes Modell von politischen Frauen gewesen sind«?

Mir freilich spricht ihre Kollegin Erika Hickel aus dem Herzen, wenn sie sagt: »Ich z.B. bin an Sozialpolitik für die Frauen überhaupt nicht interessiert, weil ich auf den Reparaturbetrieb keine Lust habe. Ich will aber dieses System in den Machtetagen zerbröckeln helfen, das uns dieses Leiden einbrockt. Und dabei vermisse ich die Frauen. Auch in den feministischen Texten, die ich gelesen habe, ist davon, wie man den Weg in die Machtetagen geht, wie man die Macht aufbricht, wie man die Kerle an der Macht verunsichert, wenig zu lesen. Die Kerle verunsichern zum Beispiel durch Hexigkeit — das interessiert mich!« (EMMA, Nr. 12/1984)

Mit Antje will ich unterstreichen, daß sich die Verdienste des Bonner Feminats nicht an der Anzahl der behandelten Frauenfragen ablesen lassen, sondern daran, welche Wirkung es nach innen, vor allem aber nach außen zeigt, auf die *ganz normalen Frauen*. Ob sie sich in allen *ihren* (Lebens)Bereichen ermutigt fühlen, *ihre* Geschichte *selbst* in die Hand zu nehmen. Ob das Feminat und eine Frauenfraktion in Hamburg als Modell dienen wird.

Wenn der Anspruch der FRECHEN FRAUEN, daß die Frauen in der Fraktion *alle relevanten* Politikfelder beackern, auf *diese* Weise Fraueninteressen vertreten und ein weitergehendes Konzept von Frauenpolitik propagieren sollten, als »unfeministisch« bezeichnet wird, decouvriert sich damit ein borniertes Verständnis von Möglichkeiten feministischer Politik.

Doch noch Frauenbewußtsein im Kuhbacher Wohnzimmer!

Ihre beiden frauenbewegten Töchter haben meiner Mutter den Feminismus der 70er Jahre ins dörfliche Wohnzimmer (Kuhbach im Schwarzwald) geschleppt. Wir erklärten ihr, wo sie unterdrückt wird, daß sie sich zu wehren habe, gegen ihren Mann, ihren Chef, ihren Vater und die Verhältnisse ... und daß, wir, die Töchter, uns gegen sie, die Mutter, zu wehren hätten. Lesen wurde ihr verordnet: Die Beauvoir, die Schwarzer, Marie Cardinal.

Einiges mag sie verstanden haben, für sich umsetzen und annehmen konnte sie *notwendigerweise* wenig, weil Emanzipation als Importartikel nicht (ein)greifen konnte in ihren Alltag.

Mit dem Bonner Feminat steht wieder ein Thema im Wohnzimmer, eines, das meine Mutter munterer macht. Späte Früchte unserer Bemühungen? Wohl kaum. Im Gegensatz zu damals fühlt sich meine Mutter heute von den sechs Bonner Frauen angesprochen, sie kommen sozusagen über die Glotze zu ihr ins Wohnzimmer. Plötzlich grinst nicht mehr nur Kohl die Wende an, da gibt es Frauen, die ihm übers Maul fahren. Meine Mutter drückt denen die Daumen, meine Mutter kritisiert die (uns) auch, meine Mutter bezieht sich so auf die Bonner Frauen, wie Christa Nickels vermutet: »Auf diesen Frauen-Vorstand schauen ganz viele Frauen. Die wissen ja, daß ich zwei kleine Kinder habe. Schaffen die das? Packen die's in Bonn? Packen die's zuhause?« (EMMA, Nr. 12/1984)

Was die Frauen da in der Glotze sagen, klingt meiner Mutter

nicht so fremd, als daß sie nicht in's Träumen darüber geraten könnte, so etwas auch mal machen zu wollen. Gewiß, sie wird es nicht tun, aber sie trägt mit den grünen Frauen den Kopf etwas höher.

Ich vergesse darüber nicht, daß das Feminat als politische Notlösung, als das kleinere Übel zustandekam, aber ich bin von der Außenwirkung beeindruckt, davon, daß das Feminat zu einem Hoffnungsfaktor geworden ist für das erfolgreiche Einmischen von Frauen in die große Politik.

Meine Mutter kann sich mit dem, was die sechs Frauen da machen, *identifizieren*. Mir scheint, daß die Kritikerinnen mit der feministischen Meßlatte diese Tatsache bislang völlig vernachlässigt haben.

An der Möglichkeit und Gefahr von Identifikation aber sollten wir anknüpfen, mit den vielen klugen Analysen und Erfahrungen der außerparlamentarischen Frauenbewegung.

Vermutungen zum Scheitern von Frauenlisten

Vor allem daran, daß der feministische Korb zu hoch gehängt wurde, scheiterte für die Öffentlichkeit die Frauenfraktion in der AL Westberlin. Daß diese Debatte manchen als Vorwand dazu gedient haben mag, als willkomener Ablehnungsgrund gegen eine Frauenliste, ist ganz klar, der Hauptvorwurf muß dennoch an die Frauen gehen, die das »feministische Bewußtsein« zu *dem* Kriterium erhoben. Sie haben vereitelt, was sie sich von einer Frauenliste erhofften, nämlich eine »politische Signalwirkung nach innen und außen zu setzen.«

In Berlin wie in Hamburg ist die Reaktion auf den Vorschlag einer Frauenfraktion weniger blaß ausgefallen, als zumindest von mir erwartet, aber völlig quer zu meinen Vermutungen. Nie hätte ich vermutet, daß so viele Frauen — fast immer mit den gleichen Argumenten — dagegen, und so viele Männer mit so unterschiedlichen Argumenten für den Vorschlag stimmen würden. Wenn die Männer dagegen polemisieren, ist dies oft einer Kränkung geschuldet, die sagt: »Wir haben es doch gutgemacht, das mit dem Parlament und mit der Parität und so.«

Ich hätte vor allem aber nicht erwartet, daß sich gerade die Frauen in der GAL und offenbar auch in Westberlins Alternativer Liste, die sich als die Gralhüterinnen klassischer Frauenpolitik verstehen (und in ihrem Bereich mehr als Frust erlebt haben dürften), daß ausgerechnet diese Frauen sich so negativ auf den Vorschlag der FRECHEN FRAUEN beziehen, mit Argumentationsmustern wie: »Dafür sind wir noch viel zu schwach«, »Wir wollen nicht die Frauen oder die Frauenbewegung verparlamentarisieren«, »Eine Frauenfraktion entspricht nicht unserer realen Stärke«, »Der Vorschlag ist nicht feministisch genug«.

Dieses ewige »Dazu sind wir noch zu klein« und »Das ist nicht radikal genug« sind für mich zwei Seiten der alten Frauenmedaille, manifestieren das Jammern oder planen das Scheitern mit ein, weil sie nicht auf Entwicklung, auf Dynamik setzen, auf Ausprobieren, sondern zu bescheiden sind oder zu größenwahnsinnig. Beides führt zum gleichen Ergebnis: alles bleibt beim Alten.

Ich hätte nicht erwartet, daß die angestammten Feministinnen mit solcher Lustlosigkeit auf die Herausforderung, Unruhestifterinnen zu sein, reagieren würden.

Aber denken hätte ich es mir können. Mal abgesehen von meiner Person, die so mancher Radikalfeministin eine Breitseite bietet, rüttelt dieser Vorschlag an dem Politikverständnis zumindest des GAL-Frauenbereichs; in Berlin, hörte ich, sei es nicht ganz so drastisch.

Seit unserer programmatischen Großoffensive vor zwei Jahren hat sich nicht mehr viel getan. Die FRECHEN FRAUEN, die bis auf eine Ausnahme nie im Frauenbereich gearbeitet haben, haben daran auch ihren Anteil. Ja, wir stellen selbst nach zwei Jahren Parlamentsarbeit unsere große Errungenschaft »Frauenausschüsse« in Frage. Auf jeden Fall haben wir uns dem Frauenbereich, den eine FRECHE FRAU böse »als so eine Art Vereinigung zur Pflege von Benachteiligungskultur« charakterisiert hat, entzogen.

Wir haben die reine Abwehrpolitik verlassen, werden dafür elitär genannt, ernten für unsere Eitelkeit die Kritik, die in der Regel den grünen »männlichen Rampensäuen« (Cora Stephan) gilt.

»Diese Kritik«, so schreibt Cora Stephan (Konkret Nr. 12/84), *»impliziert in übertriebenem Moralismus, daß es sich die Frauen konsequenterweise auch selbst verbieten. Mein nicht ganz unbegründeter Verdacht: diese Kritik richtet sich nur vordergründig gegen männliche Verhaltensweisen, sie dient in Wirklichkeit der Selbstkontrolle von Frauen. Polemisch: wir sind nur solange liebe und solidarische Frauen, solange wir uns von anderen Frauen nicht unterscheiden.*

Egoismus und Aggression bringt uns in Konkurrenz zu **Frauen**. *Und darauf reagieren Frauen härter, deutlicher und natürlich ideologisch viel besser abgesichert.«*
Und an anderer Stelle:
»Dabei wäre es an der Zeit für einen zielgerichteten Egoismus, selbst wenn er Abgrenzung impliziert, unter Umständen eben auch von Frauen, die, statt sich den Ehrgeiz der einen zum Vorbild zu nehmen, lieber gemeinsam im Sumpf des Mittelmaßes hocken bleiben — eines Mittelmaßes, das natürlich mindestens zwei-, dreimal so gut ist wie das der Männer ...«

Na, Göttin sei Dank, ich bin nicht die einzige Hexe! Wenn eine Frauenfraktion in unserem grün-alternativen Rahmen Chancen auf Verwirklichung haben will, dann braucht sie *neben* der relativen Einigkeit der Frauen *auch* die Zustimmung der Männer als notwendige Voraussetzung. Immerhin stellen die Exemplare der Gattung Mann sowohl in Berlin als auch in Hamburg 70-75% der grün-alternativen Mitglieder. Diese Tatsache bei der Durchsetzung unserer Forderungen negieren zu wollen, heißt, daß wir es gar nicht ernst mit der Frauenfraktion meinen können.

Wenn wir nicht auf Wunder hoffen wollen oder auf die Selbstverleugnung der Männer, dann müssen wir uns dem langwierigen und beschwerlichen Geschäft unterziehen, herausfordernd auf *allen* Sachgebieten zu sein, den Männern ihren Begriff von »Sachkompetenz« streitig machen, ihnen einen Umgang mit Politik vorleben, in dem weibliche Kompetenz sichtbar wird, daß ihnen nur so die Ohren schlackern. Wir müssen mit den Männern in die Debatte darüber einsteigen, was an Emanzipation für sie und damit für Frauen *und* Männer solch ein Schritt der grün-alternativen Parteien bewirken könnte.

Dazu fällt mir eine vergnügliche Situation aus der Hamburger Diskussion ein: ein Mann, leidenschaftlicher Vertreter der Parität als Garant von Emanzipation, läßt sich durch nichts, aber auch gar nichts von dieser Haltung abbringen. Ein einziger Satz einer FRECHEN FRAU bleibt indes wie ein Querbalken in seinem Gedankenfluß hängen: »Die Emanzipation der Männer wird nicht darin bestehen, sich vier Jahre lang in Passivität und Enthaltsamkeit zu üben, die Emanzipation liet in der *aktiven Zurücknahme*!« Hm ...

Zur Auseinandersetzung mit den unterschiedlichen Modellen von Frauenlisten

Die Position, die sich um *Reaktivierung des Frauenbereichs* inner- und außerhalb der GAL bemühen will (Ulla Jelpke), kann nicht anders als den ungeteilten Beifall aller finden. Wer könnte im Ernst etwas dagegen haben, daß sich unsere (außerparlamentarische) Basis und unsere Mitglieder wieder stärker einmischen? Wer könnte etwas dagegen haben, daß die brachliegenden Bereiche, die ungeliebten, wie Familien-, Diskriminie-

---

Frauenlistendiskussion in der GAL:

Schwestern unter sich

Parallel zu den heftigen Debatten in der Frauenbewegung um die Gründung eines Weiberrates und einer Frauenliste als dessen parlamentarischer Ausläufer entwickelte sich auch in der GAL im Frühjahr eine Diskussion um das Für und Wider einer Frauenliste. Nachdem die Protagonistinnen ihre unterschiedlichen Konzeptionen in Auseinandersetzungen auf der Gazettenebene vorgestellt haben, soll der Diskurs nun über den informellen Rahmen hinausgehoben und auf einer GAL-Frauen-VV ausgetragen werden.

In der taz vom 21.3. überraschte Adrienne Göhler (Bundeshauptausschuß der Grünen) nicht nur die weibliche Gallistik mit einem ersten Vorstoß in Richtung Frauenliste der GAL zu den nächsten Bürgerschaftswahlen. (...)

Im Frühjahr war die Frauenparität in der Bürgerschaftsfraktion durch das Aussteigen zweier Nachrückerinnen (Adrienne Göhler und Gaby Wegener) ins Wanken geraten und aufgrund des Primats der Rotation war auch von einer GAL-Mitgliederversammlung keine Ausnahmeregelung für das Verbleiben einer Abgeordneten mit Frauenschwerpunkt zu erwirken. Insgesamt ist die Situation der GAL zur Zeit im Hinblick auf aktive Frauenpolitik und Frauenbeteiligung auf der Ebene von bezahlten Stellen, Vollversammlungen, Leitungsgremien und Kommissionen nicht nur peinlich, sondern schon katastrophal.

Fairerweise muß zugegeben werden, daß nicht nur Männer den Frauen das Leben in der GAL erschweren, sondern daß sich auch die Schwestern - sei es nun bedingt durch größeres Vertrauen in männliche Kompetenz, politische Gegnerschaft, gegenseitige Konkurrenz oder schlicht persönliche Abneigung - nicht immer von ihrer solidarischsten Seite zeigten.

Kerngedanke Adriennes zur ausschließlichen Nominierung von Frauen ist das 'Andere', was dieses andere Geschlecht verstärkt in die Politik einzubringen habe: eine 'andere Art und Weise', eine andere Wahrnehmung und Gewichtung, eine andere Form von Politik, die Frauen als 'Personen', nicht nur als 'Trägerinnen von Positionen' möglicherweise zu entfalten vermögen. (...)

Die Beschreibung der 'anderen' Qualität weiblicher Politik bleibt zwangsläufig vage, da es

rungs-, Abtreibungspolitik wieder beackert werden? Allein mit der Lust, eben dies zu tun, scheint es nicht weit her zu sein, so bleibt diese Position beim Appell stehen. Der Vorteil für die Männer besteht darin, daß eine Zustimmung nichts, aber auch gar nichts kostet. Im Gegenteil, in dem Maße, in dem wir uns auf die traditionellen Frauenbereiche konzentrieren, entlasten wir die Männer davon und stören sie nicht so sehr bei der großen Politik. Die Machtfrage stellt sich somit nicht, alles kann seinen gewohnten Gang weitergehen.

---

gerade darum geht, dem 'Anderen' im 'Experiment' der Frauenliste nachzuspüren. Dazu reicht die Parität nicht aus, da braucht man schon das 'ganze Terrain'. (...)

Gewichtiger scheint da schon der Einwand von Ulla Jelpke (Fraktion), daß auch eine reine Frauenliste an der Männerdominanz im Parlament und in der GAL nichts ändern würde, weshalb das 'ganze Terrain' zur Wandlung der Politikformen relativ beschränkt wäre (Arbeiterkampf v. 7.5.).

Wie Ulla Jelpke, so sieht auch Regula Schmidt-Bött (Fraktion) noch keine neue Qualität darin, daß Politik ausschließlich von Frauen gemacht wird, zumal Frauen keine besseren Menschen seien (taz v. 11.4.). Das hat bisher zwar auch niemand behauptet, doch Adrienne erhofft doch zumindest eine Veränderung der Politikformen 'in die GAL hinein', von der auch Männer profitieren würden.

Der Präsenz der Frauen setzt Regula die inhaltliche Frauenpolitik durch Frauen entgegen. Dabei sei Frausein noch keine Basis für gemeinsame Politik, wie sie in Auseinandersetzung mit dem Weiberratskonzept von Sybille Plogstedt (Courage 12/83) und Cornelia Hauser vom Sozialistischen Frauenbund (SFB/Hamburger Frauenzeitung 8.3.) feststellt. Einer Frauenliste steht Regula zwar positiv gegenüber, aber als Bündnis zwischen GAL und dem 'fortschrittlichsten Teil der Frauenbewegung' - wer immer das auch sein mag. Adrienne schließt Kooperation zwischen GAL und Weiberrat zwar nicht aus, die Liste auf Basis eines GAL-Programms sollte jedoch ihrer Meinung nach von 'Fachfrauen in und um die GAL' unter klarer politischer Abgrenzung nach außen gebildet werden. Von Ulla muß sich Regula wiederum bekehren lassen, daß ihr Bündniswunsch mit der Frauenbewegung leider an den realen Verhältnissen vorbeigeht, und die sehen in puncto Frauenliste etwa so aus:

Die DKP-Frauen wollen aus Prinzip nicht, mit den SPD-Frauen will selbst Regula nicht, mit den SFB-Frauen will und kann Ulla sowieso nicht, die autonomen Frauen wollen nicht mal den Weiberrat, sondern auf Stellvertreterinnen lieber ganz verzichten, und an der GAL kommt bei den Bürgerschaftswahlen eh' keine vorbei.

Nachdem es mit der Balance des Glücks so schlecht bestellt ist, bleibt eigentlich nur der Vorschlag von Adrienne, der aber aufgrund ihres 'unpolitischen und biologistischen Herangehens' laut Ulla abzulehnen ist. (...)

K.S.

Donnerstag, 14. Juni 1984 . taz hamburg . Aktuelles . Seite 15

Der Weiberrat. Der ursprüngliche Gedanke, wie er, glaube ich, zuerst von Sibylle Plogstedt formuliert wurde, hatte zum Kern, die versprengten Ansätze von *autonomer* Frauenarbeit, die unverbundenen Frauenprojekte, wieder stärker zu einen, sich gemeinsame Strukturen und politische Strategien zu geben. Der »Rat« gibt sich politische Ziele, unter anderem auch, von außen Druck auf die Parlamentsfrauen auszuüben. Unter den bienenfleißigen Händen von Frigga Haug und ihren Mitstreiterinnen aus dem Sozialistischen Frauenbund (SFB) wurde dieser gute Ansatz indes schnell umfunktioniert. Der SFB sah seine große Stunde gekommen, aktiv in die Politik einzugreifen: »Plötzlich sahen wir uns mit Fragen konfrontiert, ob wir denn nun inklusive CDU-Frauen eine Frauenliste bilden oder auf einen 'Linksblock' hinorientieren sollten, oder ob frau sich mit der gesellschaftlich schmalen Ecke der Grün-Alternativen begnügen sollte.« (u.a. Frigga Haug; Sommeruni 84)

Ich kritisiere neben den Umgangsformen des SFB auch seine politische Grundposition, die, ausgehend von dem Grundsatz, daß die Frauenfrage keine Nebenfrage sei, suggeriert, sie würde deshalb auch als Konsens quer zum Rechts-Links-Schema liegen; dieses Denken übersieht, daß die Frauen zwar die gleichen Fragen haben mögen, daß die Antworten aber, entsprechend ihrer allgemeinpolitischen Analyse, ziemlich unterschiedlich ausfallen dürften; das hat sich z.B. deutlich in der § 218-Debatte gezeigt.

»Halt mal«, sagten die autonomen Frauen in Berlin und Hamburg, »für uns ist die Frage des Parlamentarismus absolut nicht gegessen.« Überall da, wo der Weiberrat diskutiert wurde, wurden Befürchtungen laut, daß die autonomen Frauen von den Organisationsfrauen um SFB, DFI vereinnahmt werden könnten, auf die Basis eines Minimalkonsens reduziert. Die Befürchtungen hatten ihre volle Berechtigung. In verschiedenen Städten gründeten SFB-Frauen Weiberräte mit sich selbst und führten so die Idee ad absurdum.

Das ärgerliche an dieser Vorgehensweise ist, daß die ursprüngliche Absicht — Frauen kommen zusammen und beraten gemeinsame Strategien — erst mal wieder auf Eis liegt. Wenn nun Regula Schmidt-Bott (GAL) mit jenem SFB-Rat eine Listenverbindung eingehen oder gar eine Frauenpartei gründen will, hat das sehr wenig mit der Anbindung der Frauenbewegung zu tun, die sich überdies in den Parlamentarismus von ihr gar nicht anbinden lassen will.

Alle diese Vorschläge haben gemeinsam, daß sie vom Verständnis der sogenannten *Frauenfrage* ausgehen, um die wir uns verstärkt bzw. ausschließlich zu kümmern hätten. Diese Einschätzung kann ich nicht teilen. Vielmehr gehe ich davon aus, daß es *keine* gesellschaftlich relevante Fragestellung gibt, von der Frauen nicht in besonderem Maße betroffen wären.

Alle Modelle stellen überdies nicht die Machtfrage, weil sie sich nicht primär auf die Machtverhältnisse in den bestehenden Organisationen beziehen, sondern letztlich auf einen autonomen Frauenzusammenschluß orientieren, der sich parlamentarisch als Frauenpartei ausdrücken könnte.

Die Position der *Parität*: Auf den ersten Blick sieht dies sehr verlockend aus, sehr emanzipatorisch: Frauen und Männer teilen sich Erfolg und Mißerfolg gleichermaßen, haben einen Rahmen, innerhalb dessen sie gleichberechtigt sind. Die Parität geht von der Fiktion objektiver Bedingungen für die Gleichberechtigung zwischen Frau und Mann aus. In der Realität wird indes deutlich, daß die Parität nicht ausreicht, das tradierte Politikverständnis zu verändern.

Ich erlaube mir, mich hierzu selbst zu zitieren:

»Zu tief verwurzelt sind die männlichen Strukturen und Rationalität in eben solchen Institutionen wie etwa einem Parlament. Gegen sie und die dort herrschenden Formen von Politik, die auch die GAL-Männer beherrschen (im doppelten Sinne), sich als Frau aufzulehnen und aus der Auflehnung ein anderes Konzept entstehen zu lassen, zum handelnden Subjekt zu werden, dafür brauchen wir das ganze Terrain zur Verfügung, weil unter den beschriebenen Bedingungen 50 % Männer immer mehr als 50 % Einflußnahme bedeuten, und 50 % Frauen ein sehr großzügiges Alibi abgeben für eine Politik, die bestimmt wird von männlichem Diskurs und Politikverständnis.«

Unter den jetzigen, ungleichen Bedingungen bedeutet Parität lediglich, daß der Mann mir in *seinem* Haus die Hälfte der Anzahl der Zimmer zur Verfügung stellt. Es ist und bleibt aber das Haus des Mannes, bleibt gönnerhaft. Diese Einschätzung hindert mich jedoch nicht daran, auf die Parität der Zukunft zu hoffen.

Alles ist noch um dieses Nicht gebaut, freilich um eines, was es nicht bei sich aushält.
Ernst Bloch

Die FRECHEN FRAUEN (von Gaby Treckentrup und Adrienne Goehler)

Dieses »wie wäre es denn, wenn ...« hat die FRECHEN FRAUEN zusammengeführt, im Frühjahr 1984. Seither diskutieren wir mit Frauen und Männern innerhalb und außerhalb der GAL in Hamburg das Modell einer GAL-Frauenfraktion für die nächste Bürgerschafts(= Landtags)wahl 1987.

Seither halten wir Ausschau nach den Ökologinnen, Wirtschaftsfachfrauen, Haushaltsexpertinnen etc. und suchen dem auf die Spur zu kommen, wie Frauen denn nun konkret anders denken. Die FRECHEN FRAUEN wollen den Boden bereiten dafür, daß möglichst viele Frauen ihr Wissen und ihre Erfahrung in die GAL einbringen, in ein gemeinsames politisches Unterfangen.

Bei allen politischen Unterschieden zwischen den Frauen, stellen wir eine Reihe von Gemeinsamkeiten fest: z.B. gehört die *klassische* Frauenfrage nicht gerade zu unserem Lieblingsthema; dagegen wollen wir alle in *jedem* politischen Schwerpunkt der GAL die Belange und Interessen von Frauen zum Ausgangspunkt unserer Arbeit machen.

Wir sind der Ansicht, daß wir uns so lange nicht von allen Politikbereichen betroffen erleben werden, wie wir selbst Frauenpolitik als einen von der übrigen Politik getrennten Bereich darstellen. Wir Frauen unterstützen doch die männlich dominierte Politik und ihre Erscheinungsformen, wenn wir selbst unsere Belange in einem Ghetto ansiedeln oder zum Modebereich von Politik machen. Innerhalb der Grün-Alternativen diskutieren besonders die Frauen überwiegend in Reaktion auf neue Angriffe, ohne in Gesamtzusammenhängen zu sehen und zu handeln.

Als Beispiel sei ein Beschluß des Hamburger Senats genannt, der jüngst ein Beschäftigungsprogramm über 60 Mio. DM beschloß, nur Männerarbeitsplätze, nämlich die Bauwirtschaft, betreffend. Dies angesichts einer rasant zunehmenden Arbeitslosigkeit von Frauen.

Da sind doch folgende Fragen interessant: Wie und auf welche Sektoren würden Frauen die 60 Millionen verteilen? Bei einer möglichen Förderung des Bausektors — wie würden wir da die Arbeitsplätze beschreiben? Wir fragen uns, wie würden Frauen Straßenführung, Gebäudesanierung, Gebietsbebauung planen? Wie würden wir Supermärkte, Fabriken, Produktion planen und gestalten? Wir glauben: menschlicher, weil wir direkter betroffen sind. Würden die Frauen sich selbst zum Maßstab von Planung machen, dann sähen U-Bahnhöfe mit Sicherheit anders aus. Frau braucht nicht persönlich Mutter, Hausfrau oder vergewaltigt worden zu sein, um in der Gestaltung solcher Örtlichkeiten Entscheidungskriterien zu erheben wie: Übersichtlich, hell, ausreichend Personal, Toiletten, eine Treppenführung, die Frauen erlaubt, sich ohne fremde Hilfe mit einem Kinderwagen und beim Wochenendeinkauf zu bewegen. Solange Männer für Menschen Politik machen, planen sie für Männer und deren Belange, die mit den Dingen des täglichen Lebens — Einkaufen, im Stadtteil leben, Menschen betreuen — wenig zu tun haben.

Abgeleitet aus den gesellschaftlich bedingten Unterschieden von Frauen und Männern, die sich vor allem in ihren unterschiedlichen Tätigkeitsbereichen beim Verrichten gesellschaftlich notwendiger Arbeit niederschlägt, und unterstellend, daß es stimmt, daß Frauen und Männer sich nicht nur durch (sekundäre) Geschlechtsmerkmale unterscheiden, was in Literatur und Wissenschaft — meist zum Nachteil der Frau — thematisiert ist, kommen die FRECHEN FRAUEN zu dem Schluß: der »kleine Unterschied« drückt sich eben in andersartigen Erfahrungen, Gewichtungen, Einschätzungen, Lebens- und Verarbeitungsstrategien aus, und kann nicht anders, als sich auch in einer *anderen* Politik zu äußern, sofern bestimmte Rahmenbedingungen erfüllt sind, die wir beschreiben.

Gemeinsam ist vielen FRECHEN FRAUEN auch, daß wir uns im Laufe der politischen Arbeit, die manch eine bis an die Spitze von Männergremien gebracht hat, eine Reihe von Mackerverhaltensweisen zugelegt haben, die uns zunehmend stinken. Gemeinsam auch, daß wir weit lieber mit Frauen zusammenarbeiten, als mit Männern. Ja, aber mit allen Frauen? Das eben auch wieder nicht. Da fängt es an, schwierig zu werden, da verlassen wir die allgemeine Frauensolidarität und das wird bekanntlich hart sanktioniert.

Einig sind wir uns auch darin, daß eine Frauenliste nicht nur nach Gesichtspunkten zusammengesetzt sein soll wie Strömung, Kompetenz, Proporz, Schwerpunktsetzung, sondern daß wir, wenn wir das *politische Projekt GAL* statt das Projekt 'Fraktion' vorantreiben wollen, ein *Kollektiv* brauchen (s.u. Kultur).

Die Tatsache, daß wir unter erheblichem inneren und äußerem Druck 2-4 Jahre zu bestehen hätten, fragt nach abträglichen und zuträglichen Bedingungen. Zuträglich ist unserer Meinung nach, daß die Frauen sich vorher kennen und wissen, daß sie auch bei unterschiedlicher Meinung miteinander arbeiten *wollen*. Zuträglich ist auch, eine Supervision für das Kollektiv einzurichten.

Wir gehen davon aus, daß eine GAL-Frauenfraktion im Parlament eine enorme Provokation darstellen muß. Die Angst der Männer vor dem Verlust der besetzten Macht wird sich in vielfachen Formen gegen uns äußern, so wie sie sich jetzt schon im Stadium der Diskussion, zugegeben noch harmlos, gegen uns wendet. Hieraus ergibt sich *eine* Notwendigkeit der »Gruppe«. Die andere ergibt sich aus der Gefahr der Vereinzelung, dem Konkurrenz- und Dominanzstreben, das wir alle aus der politischen Arbeit von uns und anderen kennen, auch wir Frauen. Die Werbe- und Bewußtseinswirkung von Politik hängt wesentlich von ihrer Darstellung nach außen ab, häufig leider weniger von ihren Inhalten. Ohne hier die Inhalte von z.B. Josef Fischer oder Otto Schily thematisieren zu wollen, ist doch eines deutlich: Ihre Popularität ist in der Wechselwirkung ihrer Koalitionsangebote mit ihrem dominanten, charismatischen Auftreten und dessen Vermarktung in den Medien begründet.

Frauen wie Thea Bock, Marie-Luise Beck-Oberdorf, Manon Maren-Grisebach oder Christa Nickels stehen den genannten Beispielen weder in der Qualität ihrer inhaltlichen Positionen noch in ihrem Charisma nach, ihre Wirkung nach außen ist jedoch kaum vergleichbar. Nun ließe sich daraus ja der Schluß ziehen, daß wir eben jene Verhaltensmuster der Männer anzustreben hätten, wenn, ja wenn uns nicht an einer anderen politischen Praxis und Kultur gelegen wäre, einer, die nicht in erster Linie der Kultivierung des eigenen Narzismus dient. Spätestens die Bonner Erfahrung der GRÜNEN hat uns bestärkt, daß es unumgänglich ist uns die *Metaebenen* des Politikmachens *bewußt* zu machen, z.B. durch eine regelmäßige Supervision der Parlamentsfraktion. (Vorständen aller Art, mit Verlaub, würde diese Einsicht auch nicht schaden.)

Die FRECHEN FRAUEN fordern also *auch* den Einzug kritischer psychologischer Erkenntnisse in die Politik. Wir stellen uns vor, daß wir in regelmäßigen Sitzungen mit einer außenstehenden Frau uns unsere Rollen, die wir in der Fraktion innehaben, bewußt machen. Dort wird es weniger um die konkreten Inhalte unserer Arbeit gehen als vielmehr um das *Wie* unserer Arbeit, wie es sich für die Einzelne und die anderen auswirkt. Wir glauben, daß das Bewußtmachen vom unproduktiven Umgang mit Gefühlen (z.B. Angst, Neid, Verachtung, Dominanz, Resignation usw.) und anderen Blockierungen eine Voraussetzung und ein Weg ist, die tägliche Politikarbeit zu entfrachten. Ein unreflektierter Umgang mit diesen Affekten hat unbedingten Einfluß auf die politische Wirkung der Gesamtfraktion, führt zu »unverzichtbaren« Machtträgern und zieht viel Energie ab von Inhalten, wie sich allerorts schön beobachten läßt.

Die FRECHEN FRAUEN sind sich darin einig, daß die Frauenfraktion zunächst als ein Experiment zu betrachten ist, da wir absolut nicht sicher sind, ob sich das Parlament als Ort der öffentlichen Erprobung nach vier Jahren noch als tauglich erweisen wird, ob wir dieses Modell nach einer praktischen Erfahrung noch wollen. Unter Berücksichtigung der derzeitigen

Die »Frechen Frauen« Hamburg tagen

gesellschaftlichen Einflußmöglichkeiten der GRÜNEN fällt unsere Wahl aufs Parlament als exponiertem Ort für Signale.

Der »Experimentcharakter« bezieht sich also auf den Tatort Parlament und darauf, wie wir mit Macht und Ohnmacht zu Rande kommen, nicht aber auf die Gewißheit, daß Frauen anders Politik machen. Ob sie besser sein wird, hat die gesamte Organisation nach vier Jahren zu bewerten. Weiterhin gehen wir davon aus, daß die GRÜNEN nur dauerhaft in diesem Lande sich selbst und andere bewegen können, wenn wir neben unserer derzeitigen Funktion: aufzuzeigen, anzuprangern, aufzudecken, die besseren Antworten auf die drängenden Fragen zu haben (und sie uns von der SPD klauen zu lassen), auch in der Lage sein werden, eine neue/*andere* politische Kultur zu schaffen; das im Ansatz vorzuleben, was unsere gesellschaftliche Utopie ist.

Eine grün-alternative Kultur verlangt nach anderen Blickwinkeln, heißt, andere Denkweisen in Bestehendes hineinzutragen, aber auch andere Umgangsformen. Auf der Grundlage einer grün-alternativen Gegenkultur wird sich schließlich auch die Frage der Verwechselbarkeit mit der SPD nicht stellen, so es eine Kultur ist, die sich nicht in taktische Manöver der SPD einbinden läßt.

Von der Lust und dem Leiden der Frauen

Eine GAL-Frauenfraktion und das grüne Feminat sind für mich nicht nur wegen des Signals spannend, das sie nach außen setzen, — das der offensiven Antwort auf die Versuche der Wendemänner zu Bonn, uns aus dem öffentlichen Leben heraus — dafür in Familie und Bundeswehr hineinzudrängen, sondern auch deshalb, weil die Diskussion der FRECHEN FRAUEN mit anderen Frauen, neben allen Fragen und allem Muffensausen getragen ist von *Lust*.

Lust (sich) auszuprobieren, Grenzen zu überschreiten, das Tabu der Macht zu durchbrechen. Darum kreisen eine Vielzahl von Fragen an uns selbst: Wie kommt es, daß Frauen jetzt für sich die Macht reklamieren? Wäre die Macht der Frauen nichts weiter als die Umkehrung der Unterdrückung? Unsicherheiten tauchen auf: Trauen wir uns die Machtübernahme überhaupt zu? Was haben die Frauen von dem Umgang der Männer mit der Macht gelernt? Was kann umgekehrt gelernt werden? Müssen wir uns das Wissen, das ja auch die Macht der Männer bedeutet, erst aneignen, um dann unser Wissen, ein anderes Wissen, dem entgegenhalten zu können?

Eins haben die FRECHEN FRAUEN mittlerweile begriffen: hätten wir unsere Vorschläge mit der jahrtausendealten Geschichte der Unterdrückung der Frau begründet, oder daraus, daß Männer durch das Führen von Kriegen, den Bau der Atombombe, die Vernichtung von -zig Milliarden von Menschen etc. hinreichend ihre Unfähigkeit bewiesen hätten, menschenwürdige Politik zu machen ... wenn wir die GAL-Strukturen als frauenfeindlich, die Frauenpolitik als vernachlässigt angeprangert hätten ... wenn wir gesagt hätten, daß nur noch die Frauen die Apokalypse verhindern können, wenn wir nur all diese richtigen Sachen gesagt hätten, ohne von unserer Lust und Lust auf die Macht zu reden — ja, dann hätten wir nicht in ein solches Wespennest gestochen.

Die Männer hätten schuldbewußt geguckt, vielleicht auch einfach nur ratlos, ob soviel Bedenkenswertem, sich aber von der männlichen Gesamtschuld weitgehend freigesprochen, ihre »ja, aber ...«-Analysen dagegengesetzt und wären zur Tagesordnung übergegangen.

Die Fachgruppe Frauen hätte uns beigepflichtet, und es hätte allgemein einen großen Seufzer getan.

Unterdrückung der Frau als Legitimation, als erlaubtes Motiv. Meine Gedanken beziehen sich jedoch nicht nur auf: Frauen-leiden-besonders-unter-den-sich-ständig-zuspitzende -Verhältnissen-und-deshalb-müssen-wir-uns-jetzt-stärker-einbrinen-..., ich brauche auch nicht die Legitimation, »daß es an der Zeit (sei), daß wir uns wieder um die materielle Seite unserer Beschädigung kümmern« (S. Plogstedt), sondern ich sage einfach: *Ich will, und viele Frauen mehr wollen.*

Genau diese Tatsache aber, daß wir zwar um all die Seiten unserer Ungleichheit und Diskriminierung wissen und sie spüren, sie aber dennoch nicht zum Durchsetzungsmittel erheben, sondern vor allem mit der Lust uns auszuprobieren und gegen die Langeweile argumentieren, stößt auf Unmut und Zorn, vor allem leider gerade bei den Frauen, die die »Frauensache« als die ihre begreifen.

Wir wär's, haben wir gefragt, wenn wir mal nicht Verschönerungsarbeiten in der Politik machen, oder den mühsamen Marsch durch die Männerköpfe, bis zum Sankt Nimmerleinstag, wenn wir dann vielleicht endlich mal stark genug sein solten, es den Männern zu zeigen? Wie wär's, wenn wir uns einfach mal das ganze Terrain nehmen würden? In die Bürgerschaft strömen, denn dort ist, ob es uns gefällt oder nicht, das Machtzentrum der GAL. Wie wär's also mal zur Abwechslung mit Macht, meine Damen und Herren?

Denn Motor für das, was die FRECHEN FRAUEN im Umfeld der GAL in Bewegung gesetzt hat, ist nicht die *klar benennbare* Unterdrückung über das, was ist. Es drängt uns weg von dem Bestehenden, ohne präzise beschreiben zu können, wie das aussieht, wohin es uns treibt. Nur ist uns die Reise dorthin so wichtig wie das Ankommen. Für die Reise selbst haben wir einige Bedingungen formuliert, ebenso die Reisemotivation benannt.

Übereinstimmend berichten die FRECHEN FRAUEN von diesem gelähmten Gefühl, diesem »nicht denken können, wonach mir ist«, sobald wir unseren geschützten, halbpolitischen Zusammenhang verlassen. All das, was wir dort so leicht benennen, fällt uns im großen politischen Rahmen aus dem Kopf.

Dies, so scheint uns, hat viel mit unserer verinnerlichten Form von Zensur zu tun, unserer öffentlichen Sprach-, besser Wortlosigkeit. Es ist diese -losigkeit, in der sich unsere Unterdrückung auf sehr subtile Weise manifestiert. In der öffentlichen Debatte, vor Männern, fällt uns auf, lassen wir uns wieder und wieder auf die HERRschenden Denk-, Sprachstrukturen ein, der männliche Diskurs sitzt so tief in unseren Köpfen, weil wir uns seiner bedienen müssen, wenn wir sprechen wollen, um gehört zu werden. An solchen Mechanismen ändert eben keine noch so gut gemeinte Parität etwas.

Frauen können in Frauenzusammenhängen deshalb besser arbeiten, weil anders als bei gemischten Gruppen die Konkurrenz *um* und *mit* den Männern wegfällt, dieses unbewußte Buhlen um die Anerkennung der Männer. Sicher ist dies auch ein Phänomen, das wir bei Männern antreffen, aber im Gegensatz zu den Männern, die das Buhlen um die Anerkennung der Frauen eher beflügelt, produktiv werden läßt, lähmt dies die Frauen.

Nun sind die FRECHEN FRAUEN nicht generell gegen Konkurrenz, im Gegenteil, Konkurrenz und Machtkampf scheinen uns in jeder Gruppe ein belebendes Element zu sein. Ohne das Aufeinandertreffen unterschiedlicher Ansichten und Wünsche kann ein politischer (Gruppen)Prozeß nicht fortschreiten, das Zusammentragen der vorhandenen Vorstellungen wäre langweilig und unproduktiv. Wir wollen weibliche Formen von Miteinander und Konkurrenz entwickeln, weibliche Formen, Konflikte zu bewältigen, unterschiedliche Wünsche und Absichten produktiv werden lassen.

Das Fehlen von eigenen, weiblichen Leitbildern und einer öffentlichen weiblichen Sprache macht es so schwer zu benennen, was und wohin wir wollen. So bleibt uns oft nur der Weg der Negation des Bestehenden als Anfang. Das sollten wir nicht beklagen, damit sollten wir arbeiten. Schließlich machen wir dies auch an anderer Stelle: Ohne eine Alternative für die menschengefährdende Chemieproduktion benennen zu können, fordern wir ihre weitgehende Abschaffung.

Unsere Chance liegt darin, daß wir männliche Logik und männliche Leitbilder weniger verinnerlicht haben, wir sind weniger substanziell mit den HERRschenden Denkstrukturen verknüpft, weil wir weniger in der Auseinandersetzung mit HERRschaftswissen standen und stehen. Ohne aus unserem Mangel eine Tugend machen zu wollen, liegt eben in ihm ein Stück unseres Potentials. Wie Bloch sagt: ... » weil die Langeweile genau wie die Not in sich einen Anstoß enthält, mit ihr zu brechen.«

Dazu schreibt Cora Stephan: *»Mir scheint immer noch der Mangel selbst die Chance zu bieten: die Chance, die darin liegt, um mit Silvia Bovenschen zu argumentieren, daß 'die Verdinglichung von Verhaltensweisen' bei Frauen noch nicht auf ihrem 'spätbürgerlichen Niveau' angelangt sei, daß sie gegenüber traditionell männlichen Institutionen eine größere Unstrukturiertheit haben und damit, potentiell, eine größere Unbefangenheit. Daß ihnen, so Marlies Gerhardt, ein 'zugleich fremderer und genauerer Blick' eignet«.* (op.cit.)

Genau diesen »fremderen und genaueren Blick« haben wir anzubieten, aus ihm ergeben sich andere Fragestellungen und andere Antworten. Es ist ein Teil meiner Hoffnung, daß sich die Männer diesen Blickwinkel zueigen machen werden, zumindest überprüfen, ob er denn für sie nicht eine Bereicherung oder gar Befreiung aus ihrer eingefahrenen Blickrichtung ermöglicht.

Das gründliche Abwägen, das Mischen von weiblichen und männlichen Blickwinkeln, wäre eine Voraussetzung für eine Utopie, die in der Zukunft eine wirkliche Parität zwischen Frauen und Männern bedeuten könnte.

Zeichnung: Irene Müller

Wir müssen die Kultur, genauso wie die Wirtschaft und die Rüstungspolitik dem »Würgegriff einer mörderischen und selbstmörderischen Zivilisation entreißen«, sagt Walter Sauermilch, MdB der GRÜNEN und zitiert Thomas Mann: Wir brauchen eine Kultur der »Lust zu sich selbst«.

Das zu schaffen, mit Verlaub, halte ich die Frauen für geeigneter. In ihrer Mehrzahl. Die Männer, auch wieder in ihrer Mehrzahl, scheinen weniger den Mangel an Befriedigung ihres »Lustprinzips« zu verspüren, weniger unter dem Mangel an lebendiger, ganzheitlicher Politik zu leiden; sie halten ein Mehr an Verzicht aus, ein Mehr an ellenlangen Sitzungen, in öden Räumen über öde Dinge zu sprechen, scheinen weniger »Privatheit« oder Atmosphäre in der Politik zu brauchen, können einfach mehr ab, will heißen in der Regel eigene Bedürfnisse besser verdrängen, sie unter Sachzwänge subsumieren.

Eine politische Kultur, kulturelle Politik, braucht aber Menschen, die ihre gesamte Person in die Politik zu integrieren in der Lage sind. Da genügt es nicht, daß man vor der freudlosen Politik auf die Trabrennbahn, in die Kneipe, den geschützten Privatraum flüchtet, dies stabilisiert nur das Bestehende.

Es will mir nicht in den Kopf, daß *wir selbst* häufig unsere Leute ihrer Persönlichkeit berauben, wenn wir sie als »Strömungsträger/innen« zu »Mandatsträger/innen« in irgendwelche Posten entlassen.

Die Zusammensetzung der letzten Bürgerschaftsliste etwa erfolgte nach dem Prinzip: halb Mann, halb Frau, je zwei sichere Listenplätze für KB und Z, nicht fraktionsgebundene Einstreusel, damit niemand meckern kann, 1 x Ex-SPD, 1 x Ex-DKP, 1 x Ex-FDP, wegen der Integration ihrer bröckelnden Parteiränder, 2 x außerparlamentarischer Widerstand, 1 x rein ökologisches Zugeständnis. Was für die Arbeiterklasse war auch dabei: 3 x Betriebsrat/rätin. Zur Bundestagswahl '80 hatten wir zu bieten: 1 x schwul, 1 x Betriebsrätin, 1 x Oma, 1 x Knacki. Ist überzeichnet und klingt böse. Soll's auch.

Man könnte ja auch sagen, das sind alles Symbolfiguren, die für unsere Verankerung, zumindest die intendierte, stehen, unsere Breite deutlich machen. »Einheit in der Vielfalt« könnte man dazu sagen. Aber haben wir die Menschen gefragt, ob sie sich vorstellen können, zwei bis vier Jahre das harte parlamentarische Geschäft miteinander durchzustehen? Ihre Fragen und

Antworten, ihre Angst und ihren Zorn an und in der Politik zu teilen? Wir haben sie nicht einmal nach zwei Jahren abgeleisteter Parlamentsarbeit dazu befragt, weil: darüber spricht man nicht öffentlich, man kränkt nur in kleinen Privatgesprächen oder unter dem Deckmantel einer politischen Kontroverse. Da ist alles erlaubt.

In jedem stinknormalen kapitalistisch organisierten Betrieb gilt die Kategorie »Betriebsklima« als ein Entscheidungskriterium, weiß man inzwischen, daß eben jenes eine entscheidende Voraussetzung für die Produktivität und Kreativität eines jeden Einzelnen ist.

In der GAL, und da schließe ich ausdrücklich die tonangebenden Frauen mit ein, werden solche Zusammenhänge einstweilen noch in den Bereich des »Privatistisch-Psychologistischen« verwiesen.

So treffen sich denn regelmäßig die Träger/innen von Strömungen, die Proporzler und machen Politik. Sie halten ihre Wortbeiträge, vermeintlich bereinigt von Wut, Vorurteil, Boshaftigkeit, Angst, Sympathie etc. — dies anzustreben wurde uns allen ja Zeit unsere Lebens eingebleut —, und wundern sich, daß sie in ihrem Tun farblos bis kontraproduktiv sind, wundern sich, oder schlimmer, noch nicht mal das, daß auch grün-alternative Politik eine von den unterschiedlichen Subjekten weitgehend gereinigte Politik, somit entfremdet ist. Der Gedanke, mit der Frauenliste auch ein »Fraktionskollektiv« zu schaffen, auf der Basis, daß die Frauen miteinander *wollen* und *können*, greift diese Misere auf und hofft auf ein Stück mehr Ehrlichkeit, aber auch Produktivität.

Der Gedanke leitet sich *nicht* ab aus einem unterstellten »Frauen mögen sich mehr« oder »Frauen verstehen sich besser«, geht aber wohl von der These aus, daß Frauen eher in der Lage sind, Konflikte zu benennen, statt sie unter den Tisch zu kehren oder sie in pseudopolitischer Argumentation auszuagieren.

Ein Kollektiv bildet sich aber nicht ad hoc. Deshalb haben die FRECHEN FRAUEN die Diskussion über die Frauenfraktion frühzeitig begonnen: damit sich genügend Frauen zusammenfinden, aus den unterschiedlichsten Politikfeldern, und für sich prüfen können, ob sie *dieses* Experiment mit *diesen* Frauen eingehen wollen. Zu Ende gedacht, sollten die Frauen, die für sich eine Kandidatur in Erwägung ziehen, eine Art Pool bilden, aus dem heraus die Versammlung schöpft und eine endgültige Liste zusammenstellt.

Das Kollektiv ist mehr als die Summe der Einzelfrauen, zeichnet sich dadurch aus, daß die Frauen als einzelne Subjekte ein politisches Geschehen prägen, das durch ein anderes Kollektiv in der nächsten Legislaturperiode verändert werden wird.

Das Kollektiv meint *nicht* die Abschaffung der Meinungs- und Positionsvielfalt, die vorherige Gleichschaltung der Köpfe, oder gar Friede, Freude, Kritiklosigkeit, will aber als Basis das Einende, die Gewißheit, daß die Frauen sich über das Trennende überhaupt streiten wollen, es formulieren und aushalten können.

(Wer das alles nebensächlich findet, möge sich doch einmal fragen, ob sie/er bereit ist, sich mit allen Menschen in der Organisation zu streiten, oder ob sie/er nicht jemanden weiß, der ihr/ihm zu blöde oder zu unangenehm ist, um überhaupt das Wort an sie/ihn zu richten, und wie das wäre, zwei bis vier Jahre mit diesem Menschen auf so engem Raum Politik machen zu müssen? Nicht die Beliebigkeit, das kritiklose Nebeneinander, das Strömungspotpourri, sondern das Einende und das Trennende produktiv zu verbinden, ist meines Erachtens der Grundgedanke der Vielfalt.

Hier auch liegt der wichtigste Sinn der Rotation. Er ist eben nicht zu verwechseln »mit dem Glauben« jede(r) kann alles, »sondern jede(r) bringt für eine bestimmte Zeit ihre/seine ganze Person ein, drückt der Politik ihren/seinen Stempel auf, gestaltet und verändert sie in einem Prozeß, der durch andere fortgesetzt und wiederum verändert wird.

Daher ist die Rotation eines der wichtigsten politischen Kulturgüter bei den GRÜNEN, die es heftig zu verteidigen gilt. Aus einem zweiten Grund sollten wir an der Rotation festhalten: Sie nur wird auf Dauer gewährleisten, daß genügend Frauen in unserer Politik mitmischen, denn sollte sich der Typus des »Berufspolitikers« durchsetzen, fallen mit Sicherheit die Frauen raus, da sie weitaus seltener Politik machen mit dem Leben verwechseln.

Der Parzellierung unserer Gesellschaft, dem Spezialistentum auch in unserer Politik, dem Jede(r)-Gegen-Jeden ein Stück Gemeinsames entgegenzusetzen, ist ein Bedürfnis, aus dem sich eine andere politische Kultur entwickeln kann, eine politische Kultur der »Lust zu sich selbst« ... Solange wir mit unseren

Köpfen die Politik und mit unserem Gefühl die Kultur rezipieren und machen, kann aus beidem nichts Gescheites werden.

Ich will Politik goutieren können, sonst kann ich sie nicht machen, es sei denn, ich begreife Politik als die notwendige Zwangsarbeit auf dem Weg zur Freiheit. So ähnlich geht es mir bei der heute praktizierten Form von Frauenpolitik. Sie wird als ein zu beackerndes Terrain verstanden, als mühsamer Abwehrkampf, als schieres Jammertal, innerhalb einer grün-alternativen Politik ewig an den Rand gedrückt. Das, so behaupte ich, haben wir mitzuverantworten. Zu wenig sprechen wir von unseren Fähigkeiten, zu wenig wird unser Interesse *an uns* sichtbar. Symptomatisch fand ich den Ausdruck einer bei uns anerkannten Frauenpolitikerin, die bei der Beschreibung ihres Werdegangs die Formulierung gebrauchte, ... dann habe sie sich wieder der »Frauensache« zugewandt. Darin drückt sich für mich ein instrumentelles Verhältnis zu sich selbst und zu den Frauen aus. Mich interessiert das »Ding« Frau jedoch nicht, wohl aber die Frauen.

Mich interessiert, was wir aufgrund unserer Gewordenheit, die nicht nur aus Benachteiligung und Unterdrückung besteht, sondern auch Reichtümer und Stärken beinhaltet, für eine Politik machen. Oder um es noch einmal mit Rossana Rossanda zu sagen:

»Ich würde also die Wörter der Politik nehmen, einige große Wörter, bedeutungsschwere Parolen, und sie — wie man es früher mit den Fünfhundert-Lire-Stücken tat, um zu prüfen, ob sie wirklich aus Silber waren — in die Hände von Frauen legen, um zu prüfen, wie sie dann klängen — um zu horchen, ob sie dann etwa einen neuen Ton ergäben.« (Einmischung, S. 40)

Es geht mir mithin um die *ganze* Frau, oder wie Silvia Bovenschen sagte: »Die ganze Frau gehört auf unsere Seite.« Das, so vermutet Cora Stephan (konkret 12/84) zu Recht, scheinen vor allem die Frauen selbst als Anspruch weitgehend vergessen zu haben, stattdessen verkauften wir uns als »Software«, als die netteren Exemplare der Gattung Mensch. Verbieten würden wir uns alles Ehrgeizige, Eitle. Ich werde mit ihr nostalgisch, wenn sie der Zeit der Frauenbewegung nachtrauert, *»der Hemmungslosigkeit, der Risikofreudigkeit, sich danebenzubenehmen, der Aggressivität«*. Stattdessen haben wir unsere Schwäche stark kultiviert, unser Leiden. Gerade von Frauen wird mir immer wieder entgegengebracht, meine Forderungen seien elitär, für die Mehrzahl der Frauen nicht realisierbar.

Da frage ich mich, was es den(?) Frauen nützen mag, wenn wir mit ihnen weiter nur leiden, statt sie zu ermutigen, sich einzumischen, sich Bedingungen zu schaffen, unter denen sie sich erproben können?

Der Ansatz der FRECHEN FRAUEN für eine GAL-Frauenfraktion ist eng mit der Hoffnung verknüpft, daß Frauen in ihren jeweiligen Bereichen dieses Modell für sich übertragen, also für einen bestimmten Zeitraum die Gesamtgeschicke in die Hand nehmen. Zwangsläufig ist diese Übertragbarkeit bis auf weiteres auf halbwegs fortschrittliche Einrichtungen beschränkt, dies gilt aber schlechterdings für unsere gesamte Politik. Es wäre doch denkbar für Verlagskollektive, Betriebsratslisten, freie Sender, Amnesty, Terre des Femmes ...

Eine politische Kulter »der Lust zu sich selbst« also streben wir an, haben dafür zuträgliche und abträgliche Bedingungen beschrieben.

Auf jeden Fall brauchen wir dafür die ganze Frau, mit ihren lustbetonten, phantasievollen, ängstlichen, lauten, häßlichen Seiten neben ihrem Sachverstand. Das muß sein, »wenn wir ein Selbstbewußtsein erwerben sollen, über dessen Mangel landauf, landab auch die 'kompetentesten' Frauen klagen.«

»Ob ich meine Traumfrau, die rotzige, unanständige, anstößige, quere, aggressive, mondäne, kluge, ironische, ehrgeizige, egoistische, narzißtische Frau-der-Öffentlichkeit, (...) die so deutlich Frau ist, daß sie nicht zu übersehen ist — ob ich diese Frau auch nur fünf Minuten ertragen könnte? Keine Ahnung. Frau gebe mir die Chance, das zu versuchen.« (Cora Stephan)

Spätestens jetzt werden mich meine Kritiker/innen fragen: »Und wieso um alles in der Welt soll gerade das Parlament der Ort der Erprobung sein?« Meine Antwort fällt weiter schlicht und kurz aus: *Weil es sonst niemand merkt!* Ihr nicht und die Öffentlichkeit nicht. Darum aber geht es uns gerade. Wir wollen den derzeit exponierten Ort des Parlaments nutzen, um nach innen und außen Veränderungen zu bewirken. Nicht innerhalb der grün-alternativen Nische eine kleine Nische zugewiesen kriegen, auf daß alles so bleibe wie es ist. Klar?

Das ist konkrete Utopie — also einfach ausprobieren!

Hannelore May

Die Imperatoren und die Mütter der Basis

Erst ist da ein »hohes Gericht«, das ich nicht sehe. Sie befragen ... ich glaube erst mich. Aber der Druck, den ich spüre, kommt nicht daher, sondern von den Fragen:
— Glauben Sie an die unbefleckte Empfängnis?
— Glauben Sie an die Jungfrau Maria?
Ich weiß genau, daß es ihnen nur auf (m)ein JA ankommt, — und ich grinse im Traum und denke: das müssen die doch wissen, daß das Quatsch ist. Dann merke ich: Darauf kommt es denen nicht an, sondern auf die Unterwerfung allein. Bekennen sollst Du...
Jetzt erkenne ich auch das »hohe Gericht« — es ist gar nicht »oben« — es ist eine herrische Basis: DIE IMPERATOREN! Und sie fragen auch nicht nach der Jungfrau, sondern: Wie stehst Du zum imperativen Mandat? Na? Und viele treten vor und bekennen und die Imperatoren sind es zufrieden ...

So träumte ich in der Nacht nach der Mitgliedervollversammlung (MVV) der Alternativen Liste am 17.11.1984, auf der zum zweiten Mal kurz über das Thema »Frauenfraktion« debattiert wurde, eine antifeministische Stimmung aufkam, der 90-Prozent-Frauen-Vorschlag (als politisches Zeichen gegen die 92-Prozent-Männer-Vorherrschaft im Parlament) mit 99 Prozent der Anwesenden niedergestimmt wurde und dann die Kandidat(inn)enbefragungen begannen.

Was bietet die AL den Frauen und wie leben AL-Frauen in ihrer Partei, daß sie das aushalten und mitmachen können?

Thesen

1. Das imperative Mandat ist ein männliches Politikprinzip — es setzt den individualistischen Politiker voraus und bringt ihn hervor; es setzt eine moralische Politikverbindung an die Stelle einer inhaltlich-strategischen; es konstituiert die AL als patriarchialischen Basis-Despoten.
2. Es gibt einen AL-ternativen Antifeminismus, den viele AL-Frauen als Tabu mittragen.

3. Die Alternative Liste spaltet die Frauen an den »großen Fragen« ihrer Politik, ihrer Streits, die nicht diejenigen von oder der Frauen sind.
4. Die Positionierung und Selbstpositionierung von Frauen in der AL ist familialistisch, Frauen werden in ideologischen Konstruktionen von Familie gebunden.
Ich werde zu diesen vier Thesen schreiben und mich dafür auf meine Erfahrungen aus der Debatte um eine Frauenfraktion im November 1984 stützen, an der ich mich als Kandidatin aus dem Berliner Weiberrat beteiligte, und auf meine mehr beobachtende Teilnahme bei der AL-Bezirksgruppe Charlottenburg im April und Mai 1985. Ich denke, daß meine Distanz zur AL, bei gleichzeitiger Nähe und Kooperation mit einzelnen AL-Frauen, eine Chance sein kann, kompromißloser hinzusehen. Die Gefahr von Anmaßung muß ich in Kauf nehmen. Zur Zeit gibt es in Berlin zwar mindestens so viele (auch zur öffentlichen Politik) qualifizierte Frauen wie Männer und viele arbeitende Projekte der Frauenbewegung, aber nur sehr wenige Frauen, die an umfassenden Frauen-Macht-Politik-Konzepten arbeiten, die öffentliche und politische Radikalisierung von Frauenfragen wollen. AL-Frauen gehören dazu oder sind dafür unverzichtbar. Meine Anmaßung ist deshalb auch ein Ernstnehmen.

1. Die Imperatoren oder Die herrische Basis

Das »hohe Gericht« in meinem Traum, unsichtbar wie der »Höchste«, verwandelte sich in die sichtbare »Grundlage« (Duden-Erklärung für Basis). Da ich von Basis und Basisdemokratie viel halte, war ich zunächst überrascht. Vielleicht brauchte ich den Traum, um die Gewalt und Herrschaft einer Basis, die ich bei den zwei AL-Mitgliedervollversammlungen erlebt hatte, zu benennen. Das Besondere an dieser Basis ist, daß Mann und Frau von ihr aufgefordert sind, ihren Schrecken zu verstecken. Ist sie nicht die Volksherrschaft, von der die Macht ausgehen soll ...? Obwohl die Frauen die Mehrheit des Volkes sind, sind sie doch das unterlegene und unterdrückte Geschlecht. Die Unterdrückung ist an der Basis, im Alltag von Arbeit, Wohnen, Lieben. Wenn in einem Jahr in Berlin 1 100 angezeigte Gewalttaten gegen Frauen verübt werden (Vergewaltigung, Überfall und Mord) und bei Überfällen das Verhältnis zwischen Frauen- und Männer-Opfern wie 14 zu 1 ist

(Wahlprogramm der AL, S. 18) — wie soll da irgendeine Basis ohne dieses Gewaltverhältnis sein!? Insofern sind erst mal alle Politikstrukturen auch männliche Gewaltstrukturen. Was ist spezifisch an denen der AL? Die Basisform einer MVV erscheint von vorneherein demokratisch in einem auch für die Frauenbewegung wesentlichen Sinn: sie ist (scheint zu sein) antihierarchisch. Im Gegensatz aber zu jedem feministischen Kongreß (der auf andere Weise auch mächtig und Einzelne erdrückend ist) trägt diese antihierarchische Basis-Konstruktion in sich den sozialen Gegensatz der Geschlechter. Und insofern diese Basis zugleich wie einen Grundkonsens über sich behauptet, am Geschlechterkonflikt nicht zu zerreißen, entnennt sie diesen Konflikt, verschiebt ihn auf andere Ebenen, ins Private mal wieder, natürlich auch in Konflikte zwischen Frauen (die es selbstverständlich in Mengen gibt, sonst würde das ja gar nicht funktionieren).

In der Debatte um eine Frauenfraktion argumentierten Frauen: »Die Basis ist nicht so weit« oder: die Frauenfraktion werde »der Basis künstlich aufgepfropft«. Wie soll denn aber auch die arme Basis je »so weit« kommen? Das Verdrehte beim Reden von »der« Basis ist, daß alle Sprechenden sich selbst erst mal abziehen von ihr, um dann über sie oder mit ihr im Rücken zu reden. Vielleicht bekommt dadurch die Basis eine mit dem unsichtbaren »Höchsten« verwandte Unan- und Unbegreifbarkeit.

Anders kann ich mir nicht erklären, warum diese Frauen einen Entwicklungsgrad der Basis nur konstatieren, nicht aber zu begründen und kritisieren versuchen. Dafür müßten sie die Basis differenzieren und sich selbst zu ihren Teilen ins Verhältnis setzen. Dafür müßten sie nicht als Abhängige, sondern als Absichtsvolle mit dieser Basis umgehen, zu ihren verschiedenen Teilen sprechen — wie das Männer in ihren Streitfragen tun.

Und das scheint mir ein wichtiger Punkt zu sein:

In der Debatte um die Frauenfraktion wirkten die Frauen mit ihrem Argument vom Noch-nicht-so-weit-Sein der Basis wie Abhängige von derselben. An sich, sagte eine, hätte sie nichts gegen eine Frauenfraktion, aber die Basis ... Derweil saßen die leibhaftigen männlichen Gegner des Modells gut geschützt inmitten dieser Basis.

Wenn Männer die Basis rufen, ist das vollkommen anders. Bei der Auseinandersetzung um zwei Kandidatinnen (daß es Frauen waren, verschärft die Sache nur, beide waren in dem

Disput »Abhängige«) stritten aufs heftigste der AL-Friedensbereich mit der Berlin- und Deutschland-AG etwa im Stil »haust Du meinen Juden — hau ich Deinen Juden!« Da ging es um anerkannte politische Positionen, die jeweils mit den Kandidatinnen verbunden wurden, und die Basis-Verhältnisse wurden deutlich benannt, oder jedenfalls erkennbar.

Ich habe nicht gehört, daß Frauen die Basis auch in dieser Weise gerufen haben. Kein Mann mußte bekennen, daß er noch nie eine Frau geschlagen habe und jederzeit für die Forderungen des Frauenbereichs auftreten würde.

Das imperative Mandat halte ich für eine Krönung dieser patriarchalischen Basis-Verhältnisse. Abgesehen davon, daß die Bindung der Abgeordneten an eine widersprüchliche Basis — die sich praktisch nachher in Bereiche zerlegt — eben auch nur widersprüchlich sein kann. Und abgesehen auch davon, daß die künftigen Abgeordneten entweder wirklich angewiesen sind auf die Basis (Zuarbeiten) oder sowieso gezwungen, sich die Parlamentspolitik alleine auszudenken. Das imperative Mandat, wie ich es bei der Kandidat(inn)enbefragung erlebte, scheint mir eine moralische Instanz und ein Ritual zu sein. Und soweit ich hörte und sah, beeindruckt das Frauen mehr als Männer. In einem Fall allerdings funktionierte dieser Imperativ offenbar nicht, nämlich bei der vom Frauenbereich versuchten Anbindung von Abgeordnetenhaus-Frauen (Rita Herrmanns, S. 112). Und das, vermute ich, lag nicht am mangelnden Respekt der Abgeordneten vor dem imperativen Mandat — sondern an der fehlenden Bindungskraft des Frauenbereichs.

Das konsensuelle Denkmuster dafür ist klar: Niemand kann eine Frau, nur weil sie eine Frau ist, zwingen, sich für Frauenfragen zu engagieren. Und in der AL kann sich jede ihre (und jeder seine) Basis selbst suchen — das ist auch eine Form von Gleichberechtigung! Zugleich ist das aber eine Bedingung für die eigentümliche Herrschaft dieser 300-Leute-Basis.

2. AL-ternativer Antifeminismus

Die Idee einer Frauenfraktion war eigentlich nicht besonders extrem: Für zwei Jahre (1. Rotationshälfte) sollte die AL-Kandidatinnenliste für das Abgeordnetenhaus nur mit Frauen besetzt werden; »Frauen«-themen sollten ein Schwerpunkt dieser

Liste sein; Autonome Frauen, Feministinnen sollten mit auf ihr kandidieren. Darüberhinaus gab es kein Konzept für eine Arbeit dieser Frauenfraktion. Obwohl das »Feministische« umstritten war, behaupteten nur Gegner/innen der Frauenfraktion, das solle der Maßstab für die Kandidatinnen sein.

Mit Blick darauf, daß im Abgeordnetenhaus zu 92 Prozent Männer sitzen und in der letzten Rotationsrunde von neun Abgeordneten der AL zwei Frauen waren, war der Vorschlag leuchtend einfach. Nichts, was dieser Idee und der Kandidatinnenliste zu Recht vorgeworfen wurde, hat auf die später nominierte Liste nicht ebenso zugetroffen: Kein ausgearbeitetes Konzept für die Parlamentsarbeit, Doppelungen von fachspezifischen Qualifikationen... Bei der ersten Mitgliedervollversammlung zur Frauenfraktion schien sogar eine Mehrheit der Anwesenden darüber einig, daß »Frauen« ein Schwerpunktthema der nächsten Abgeordnetenhausfraktion werden sollte.

Die Gründe der Ablehnung der Frauenfraktion (mit 2/3-Mehrheit) müssen also tiefer oder woanders liegen.

Symptomatisch für die AL finde ich die nachträgliche Verarbeitung der Diskussion um die Frauenfraktion. Mehrfach wurde mir von AL-Menschen, hauptsächlich Männern, gesagt, das

Autonome und AL-Frauen beraten über eine mögliche Frauenfraktion im Westberliner Abgeordnetenhaus (Oktober 1984) *Foto: Rieth*

sei eine »von außen« an die AL herangetragene, ihr aufgesetzte Diskussion gewesen.

Daß »von innen«, wie es wirklich war, eine solche Idee kommen könnte, scheint bis heute unfaßbar. Diese Verarbeitung ist selber, und noch mal, ausgrenzend. Ganz abgesehen davon, daß jede Partei, die nur noch Ideen »von innen« bekommt, daran ver(bl)ödet.

Trotzdem hat diese Verarbeitung etwas Wahres. Bei der Mitgliedervollversammlung am 2.11.84, in der Debatte um eine Frauenfraktion, sprach nur eine AL-Frau engagiert dafür. Die Begeisterung der anderen für dieses Projekt kam offensichtlich »von außen«. Einige in der AL und für die AL bekannte Frauen äußerten sich mündlich und schriftlich gegen das Projekt. Der Frauen-GA schwieg vernehmbar. Das Schweigen dieser Frauen und das noch lautere Schweigen der Männer und das Streiten von Frauen vor einer Männermehrheit um ein Frauenprojekt erzeugten eine Gespensterstimmung. Eine AL-Frau sprachs aus: »Verdeckte Diskussion!«, »Vorgeschobene Diskutantinnen!« Aber ihre Frage nach den Gegenargumenten blieb unbeantwortet!

Die meisten Argumente gegen die Frauenfraktion, so komisch das klingt, waren oder sollten sein Argumente dafür: Für eine andere, bessere, qualifiziertere ... Frauenfraktion.

Von heute aus gesehen haben sowieso alle Gegnerinnen Recht (bekommen): Die Frauenfraktion war nicht »abstimmungsreif«. Die Frage ist, warum?

Schon bei der ersten öffentlichen Diskussion der AL-Frauen-Idee wurde ausgesprochen, was in allen späteren Diskussionen wiederholt wurde: »feministisch« gelte als Stigma in der AL. Der heiße taktische Tip an die Frauen »von außen« lautete, sich bloß nicht »zu feministisch« zu gebärden. Die versuchsweise ironischen Selbstzweifel von AL-Frauen lauteten, sie wüßten gar nicht, was das sein solle — »feministisch«. In den »Stacheligen Argumenten« wurden Frauen befragt, was das sei. (Alle, die weiter so fragen, sollen mal ganz schnell sagen, was »alternativ« ist oder was »sozialistisch«!)

Das entscheidende Argument gegen die Frauenfraktion wurde schließlich die Konstruktion zweier Modelle: Feministische Frauenfraktion gegen Fachfrauen-Fraktion! Das war und ist eine Konstruktion, weil ein zweites Modell überhaupt nie vorgestellt wurde und der Gegensatz einzig und allein dazu diente, das wirklich vorgestellte *eine* Modell, welches zudem diesen behaupteten Gegensatz vereinte, madig zu machen. Und die Made, mit der die Gegner/innen dabei arbeiteten, war nichts anderes als Antifeminismus, den alle schon voraussetzen konnten.

Viele Frauen konzentrierten sich in berechtigter Empörung auf das Bestreiten von Fachkompetenz der kandidierenden Frauen — und die Diskussion der später nominierten Kandidatinnen und Kandidaten gab ihnen Recht: Nur bei Frauen, hier nur bei der Frauenfraktion, wird plötzlich und gründlich die Kompetenz bezweifelt. Schwätzerei zum Beispiel gilt nicht als Inkompetenz. Aber nachträglich finde ich diese Empörung defensiv, weil dabei die größere Hürde, der Antifeminismus, unberührt blieb.

Auf eine vollkommen andere Weise gibt es tatsächlich zwei Modelle: Das Modell »Frauen-GA« (und vielleicht dazu das Modell Grüner-Sprecherinnen-Rat), in dem Frauen explizit nicht feministisch und zugleich ohne Schwerpunkt auf Frauenthemen arbeiten, und das Modell »Frauenfraktion«, wie es in Berlin diskutiert wurde, in dem Frauenthemen ein Schwerpunkt sein und radikale Feministinnen mitarbeiten sollten.

Im ersten Modell sollen Frauen ran, zeigen, daß sie die Gesamt-AL genausogut vertreten können wie Männer und, weil sie Frauen sind, die Umgangsformen verändern. Im zweiten Modell wollen Frauen ran, ihre Angelegenheiten politisch wichtiger machen und die allgemeinen Formen von Politik feministisch aufmischen. Das zweite Modell ist zweifellos das radikalere. Praktisch war die Idee des ersten, AL-Gesamtpolitik zu machen, im zweiten enthalten über einen Pluralismus unter den Kandidatinnen — die heutige Fraktionssprecherin der AL im Abgeordnetenhaus war zum Beispiel unter ihnen.

Praktisch könnte nur das zweite Modell die Hoffnung des ersten, einen »anderen« (keineswegs immer »freundlicheren«) Umgang herzustellen, einlösen, weil es einen verbindenden Willen (Frauenfragen) hätte. Nur auf das erste Modell trifft zu, was die Vertreterinnen immer gegen das zweite vorbrachten, daß Frau-sein alleine eben noch kein Programm sei. Warum also war dieses Modell einer Frauenfraktion in der AL nicht mehrheitsfähig? Weil es da ein vielseits akzeptiertes Tabu gegen Feminismus gibt. Frauen ja, feministisch nein — das nenne ich alternativen Antifeminismus. Eine nicht feministische Frauenfraktion hingegen wäre Etikettenschwindel oder familialistisch wie der Grünen-Sprecherinnen-Vorstand und der Frauen-GA.

3. Die Alternative Liste spaltet die Frauen

Wie die AL die Frauen trennt, war in der Frauenfraktionsdebatte zu verfolgen. Die eine Trennung kommt aus dem beschriebenen Antifeminismus. Die andere scheint mir direkt von der schärfsten Auseinandersetzung bei AL und Grünen, der zwischen Fundamentalopposition (Fundis) und Realpolitik (Realos), herzukommen: AL-Frauen verbanden ihre Frauenfraktionshoffnungen mit denen des einen oder anderen Lagers. Gerade und ganz besonders eine Frauenfraktion sollte »fundamental« sein, auf gar keinen Fall eine Tolerierung der SPD zulassen — oder aber eine solche endlich ermöglichen! Keine der beiden Linien oder Strömungen der AL setzte auf die Frauenfraktion, umgekehrt wollten aber Aktivistinnen für eine Frauenfraktion auf die eine oder andere Linie setzen. Die nachträgliche Enttäuschung, Frauen aus dem Weiberrat hätten wohlmöglich einen SPD-Senat toleriert, wunderte mich, weil darin selbstverständlich die AL-Fronten als Ausgangspunkt und Maßstab genommen wurden. Warum sollte es aber für Frauen, für Feministinnen, besonders fundamental sein, die SPD zu bekämpfen (oder mit ihr Bündnisse zu machen)?

Die »AL-Frauen, Frauen in der AL« im Artikel von Rita Hermanns (s. Literaturliste) erscheinen mir nicht minder eingespannt in ihre Partei als die SPD-Frauen und die CDU-Frauen in die ihrigen ... »Trotz einiger verbal-radikaler Papiere oder Ansprüche einzelner Frauen ging es in der AL nie darum, den Männern allgemein den Kampf anzusagen ...« (S. 110). Aus dem ganzen Artikel lese ich, daß Frauen in der AL darauf achten sollen — und dies auch tun — als Frauen nicht zu radikal zu werden. Nur in der Ablehnung von Parlamentsarbeit war der Frauenbereich besonders entschieden. Und insofern trägt er mit daran, daß zunächst nur Frauen für die Parlamente kandidierten, die mit Frauenfragen nichts am Hut hatten. Das förderte die Trennung von Frauenbereich und prominenten AL-Frauen. Und das wieder beschleunigte die Isolierung des Frauenbereichs. Ohne feministische Konfrontation mit der Gesamt-AL-Politik, den Prioritäten und geschlechtsneutralen Artikulationen, werden auch die Beiträge zu »Strukturproblemen«, Quotierung, Umgangsformen u.a. zahnlos bleiben. Die Strukturdebatte, die jetzt in der AL geführt wird, bestimmen allemal Männer. Warum will eigentlich der Frauenbereich nicht »die«, also alle AL-Frauen organisieren und dem Mehrheitsrest feministisch Feuer unterm Arsch machen!?

Die Unmöglichkeit ist gemacht aus Antifeminismus, der Dominanz großer, »allgemeiner« Fragen über die Frauenfragen und der Angst von Frauen mit Frauenfragen ihre Parteibasis zu überfordern oder gar zu spalten. Eher spalten sie sich selber!

4. Die Positionierung von Frauen in der AL ist familialistisch

Es genügt mir nicht zu begreifen, an welchen Unmöglichkeiten feministische Politik in der AL scheitert. Die politische Bedeutungslosigkeit erscheint vielleicht erzwungener als sie ist. Was tun Frauen in der AL als Frauen? Wo sind Perspektiven zur Radikalisierung und Befreiung? Obwohl ich es für unmöglich halte, daß Frauen aus der AL heraus — und drinnen bleibend — eine feministische Politik entwerfen und durchsetzen können (sie wären die ersten, denen das in einer männerdominierten Organisation gelänge), denke ich doch, sie könnten mehr und anderes tun, wenn sie sich, im Verbund mit anderen radikalen Frauen, feministischen Anforderungen stellen würden.

Ich werde im folgenden Aktivitäten von AL-Frauen als Frauen in der AL beschreiben mit Hilfe des Theorems vom »Familialismus« von Michèle Barrett. Helfen soll dieses Verfahren, drei meiner Ansicht nach wesentliche feministische Anforderungen an Frauenpolitik strategisch zu entwickeln:

1. Wie hängen Frauenunterdrückung und politische Macht zusammen?
2. Dasselbe müßte für den besondern Bereich des Politischen erfragt werden. Wie lassen sich alle Frauen als Frauen in den Politikstrukturen begreifen?
3. Da für Frauen als Frauen in der herrschenden Politik kein Platz ist, muß radikale Frauenpolitik den Bereich des Politischen selbst verändern. In der Frauenbewegung gibt es viele Vorarbeiten dafür, aber diese Werke stagnieren vor der politischen Macht selbst. Das zu Verändernde nenne ich »Politikformen«, worunter ich Formen der Vertretung, Präsentation, Umsetzung, aber auch der Programmatik und der Bündnisse verstehe.

»Familie« ist bei Barrett eine Schlüsselagentur zur Reproduktion von Herrschaft; für Klassenzuweisung, Rassentrennung und besonders für Geschlechteridentität und -ungleichheit. Sie warnt davor, »Familie« zu unterschätzen, kritisiert rechte und linke Theorien, die eine Krise oder den Untergang von »Familie« behaupten. »Familie« sei nach wie vor mächtig, auch wenn der überwiegende Teil der Bevölkerung nicht in Vater-Mutter-(2)Kinder-Beziehungen lebt. Ihre Macht ist befestigt in einer Beliebtheit im Volk (Träume und Wünsche) und in der Ausbreitung als Ideologie, strukturell über Betriebe, Institutionen, Parteien. Diese Ideologie der Familie als Art und Weise, wie Menschen auch Arbeit und Politik leben, nennt Barrett »familialistisch«.

Ich will die Geschlechterverhältnisse in der AL unter diesem Theorem danach untersuchen, wie Frauen und teilweise wie Männer sich in der AL positionieren und positioniert werden.

Vorausschicken muß ich, daß mir aus der AL keine offen positiven Bezüge auf »Familie« bekannt sind, wie Barrett das zum Beispiel für die englische Friedensbewegung beschreibt und wie das in der bundesdeutschen Gewerkschaftsbewegung ist (Plakat: Samstags gehört Vati mir!). Ich vermute eher, daß die ALer/innen sich in ihrer Partei weit entfernt meinen von Derartigem.

Vielleicht holt sie umso wirkungsvoller der Familialismus in ihrem Parteileben ein.

Trotz im Verhältnis zu anderen Parteien relativ guten Möglichkeiten für Frauen, in Positionen zu kommen, und bei aller Offenheit und Lockerheit der Kommunikationsformen sind »die Frauen« in der AL doch eingebunden in vorgegebene Formen, Hierarchien, Schwerpunktsetzungen. Sie konstruieren nicht mit an der Gesamtpolitik. Sie setzen sich am besten durch, wenn sie die vorhandenen Formen, Schwerpunkte und Fronten akzeptieren, nicht oder antifeministisch auftreten, nicht aus dem Frauenbereich kommen.

Andererseits tragen Feministinnen in der AL und der Frauenbereich selber zu Bedeutungsarmut und Harmlosigkeit bei, indem sie die großen Themen der AL nicht feministisch bearbeiten (Demokratie und Umweltschutz), antiparlamentarisch auftreten und die Strukturen nicht beeinflussen.

Daß Männer die Führung und disziplinierende Macht haben, wissen alle. Vom Frauenbereich hörte ich zum Beispiel die Klagen, daß ihre Forderungen und Programme nie diskutiert würden. Wie positionieren sich aber umgekehrt Frauen zur Führung?

Als Kandidatin für den Posten einer Stadträtin für Wirtschaft und Finanzen wurde ich in einer Bezirksgruppe von

Männern gründlich befragt. Rund 40 Minuten lang prüften sie meine Berechenbarkeit am Weg von der Frauenfraktion über die Autonome Frauenliste bis zur anstehenden Kandidatur. Warum ich nach dem Scheitern der Frauenfraktion bei dieser Konkurrenzliste mitgemacht hätte? Was Finanzen mit Frauenpolitik zu tun hätten? Anschließend fragte einer, offenbar erleichtert, mit den Frauenfragen fertig zu sein: Und welche politischen Positionen vertrittst Du? Nachdem ich mich von meiner Verblüffung erholt hatte, erklärten sie mir in weiteren Fragen, was sie damit meinten: Wie stehst Du zur Frage der demokratischen Rechte und zur Friedenspolitik? Im Bekennen bin ich schlecht, deshalb fing ich an, lakonisch zu antworten (»ich bin dafür«) oder rumzustottern.

Die anwesenden Frauen schwiegen hauptsächlich. Eine griff schützend ein, wollte wissen, ob frühere Befragungen auch so hart gewesen seien. Mein spontanes Gefühl war gemischt aus Dankbarkeit und Peinlichkeit. Nur eine Frau hatte auch eine Frage und das war eigentlich keine Frage, sondern ein Urteil: über den »Sozialistischen Frauenbund«, dem ich angehöre, wisse sie Bescheid, der sei doch total SEW-abhängig, da würden doch nur Marx und Engels gelesen ... Mein Glück, daß den führenden Männern dies weder besonders schlimm noch besonders bedeutend erschien.

Familialistisch nenne ich das Verhalten der Frauen in dieser Befragung in dreifacher Weise: Sie formulierten keine einzige eigene Frage an mich als mögliche Stadträtin für ihrer Partei, überließen also den Männern die ganze disziplinierende Macht. Sie verhielten sich freundlich, sogar aktiv schützend, und übernahmen damit eine vermittelnde Position. Eine sprach konkurrenzförmig und signalisierte damit, daß sie in Frauenfragen die Kontrolle übernehmen würde.

Auch das zweite Phänomen scheint bereits Allgemeinwissen, zugleich aber unbegriffen zu sein: Frauen in Führungsposition wirken versöhnend und irgendwie immer nicht richtig »politisch«.

Die Arbeit der Grünen Sprecherinnen in Bonn wurde von ihnen selbst öffentlich so ausgewertet. Das Erbe des AL-Frauen-GA (Vorstand) wurde, auch von den Frauen selbst, als verbesserter »Umgangston« beschrieben. Sie rühmten sich, keinerlei »Vorgaben«, also auch keine Initiativen, entwickelt zu haben. Was immer an Zukünftigem in dieser Verweigerung von Führung (Herrschaft) verborgen sein mag, es geht unter in der unheimlichen Banalisierung von Feminismus als freundlicherem Umgang. Wo ist der Griff nach der Macht? Wo die Perspektive der Befreiung?

Der freundliche Umgang der Frauen mit ihrer Partei bringt sie in ein verstehend-pädagogisches Verhältnis zur (Basis)Macht. So ließe sich die Selbstpositionierung von Frauen in der Debatte um die Frauenfraktion auch beschreiben als Mutter-Kinder-Verhältnis; sie behandelten die Macht wie ein Kind. Aber die so geschützte Basis dankt den Frauen ihr Verständnis nicht. Die familialistische Einbindung von Frauen auf der Ebene der Führung scheint sie blind zu machen gegen geschlechtsspezifische Funktionsteilung und die Widersprüche einer despotischen Basis, der *sie* gehorchen (müssen).

Als drittes Phänomen von Familialismus will ich eine Weise des Frauenbereichs beschreiben, sich im Zentrum der eigenen Arbeit unsichtbar zu machen. Der Frauenbereich unterstützt Projekte der Frauenbewegung, zum Beispiel die Finanzierung von Frauenhäusern. Die Art der Unterstützung ist familialistisch: Die Frauen der AL reichen den Frauen der Projekte den parlamentarischen Arm ihrer Partei. Da beide Seiten den Parlamentarismus ablehnen und sich zugleich nur über diesen miteinander verbinden, erhalten sie sich sozusagen miteinander in politischer Unmündigkeit. Indem die AL-Frauen sich nicht selbst als politisches Subjekt verhalten, verhindern sie zugleich die Politisierung von Projekte-Frauen, sich mit Staat und Parlament auseinanderzusetzen.

AL-Frauen haben enorm die öffentlichen Aktivitäten für den türkischen Frauenberatungsladen TIO unterstützt. An einem Punkt haben sie etwas Besonderes ihrer Partei eingebracht, nämlich die guten Beziehungen zu linken türkischen Männern. So ermöglichten sie eine öffentliche Diskussion über Gewaltverhältnisse zwischen türkischen Männern und türkischen Frauen. Die eigene Partei jedoch verschonten sie vor ihren Widersprüchen, machten sich wiederum unsichtbar. Daß die Ermordung der türkischen Beraterin Fatma durch einen türkischen Mann die linke AL in politische Handlungsunfähigkeit versetzt hatte, die sie mit Ausländerfreundlichkeit begründete, hätten AL-Frauen zu einem MVV-Thema machen müssen. Hier verschwanden sie in Aktivitäten der Frauenbewegung, wo ihr Beitrag den Antifeminismus ihrer Partei vergessen half. Daß der — inzwischen vor Gericht freigesprochene — türkische Mordverdächtige der Faschistenorganisation »Graue

Wölfe« angehören soll, erleichterte wieder die Standortfindung der AL. Was aber, wenn der Mörder ein Linker wäre?

»Die Vorteile einer separaten Organisation vor Augen, beschlossen AL-Frauen, das Angenehme mit dem Nützlichen zu verbinden. Die besondere Organisationsform des Frauenbereichs sollte die Möglichkeit bieten, das eine zu tun und das andere nicht zu lassen. Das eine, das war die Entscheidung dafür, in einer von Männern dominierten Liste Fuß zu fassen. Das andere, das hieß durch den partiellen Ausschluß von Männern aus dem Frauenbereich angenehmere Formen der Auseinandersetzung zu wahren.« (Rita Hermanns, S. 102)

Vielleicht wäre es doch gut, »das andere« mit ein paar weiteren Vorteilen auszustatten. Eines scheint mir unabdingbar für eine politische Perspektive von Frauen in der AL, nämlich die feministische Aus- und Umarbeitung von »Demokratie« als Verhältnis der Geschlechter zum Staat und von »Umweltschutz« durch die Frage der Natur der Menschen, von Frau und Mann. Zum Thema »Demokratie« gab es in der AL eine brisante Debatte, in der meines Wissens erstmalig der Frauenbereich kontrovers zu einem anderen Bereich (Demokratische Rechte) auftrat. In diesem Streit waren die Frauen programmatisch erfolgreich (s. AL-Wahlprogramm). Haben sie viel bewegt? Es geht um Gewalt in der Ehe. Mit einer kurzen Problemskizze der Streitpunkte möchte ich anregen, die Fragen radikal und widersprüchlich weiterzuführen.

Gewalt in Ehe und Familie

Im Wahlprogramm der AL fordern die Frauen: »Streichung des Wortes 'außerehelich' aus den §§ 177 und 178 StGB sowie die Aufhebung der 'minder schweren Fälle' ...« Dem dabei eingeschlossenen Ruf nach dem Schutz von Frauen durch den Staat stellen die Aktivisten vom Bereich »Demokratische Rechte« die Freiheit des Einzelnen vom Staat entgegen. Wieso wollen diese »Feministinnen und Sozialistinnen« (Rita Hermanns) die Gewalt zwischen den Geschlechtern ordnungsstaatlich lösen? Sie, die nicht mal ins Parlament wollten, die abgehobene Politik fürchten, nicht mit der SPD verhandeln wollen — wer soll da denn für die Frauen wirken?

Wie denken sie sich überhaupt diese Gewalt? Und wie den Staat, der Schutz bieten soll? Wie hängen Ehe und Familie mit dem Staat zusammen? Provokant an der Forderung wirkt,

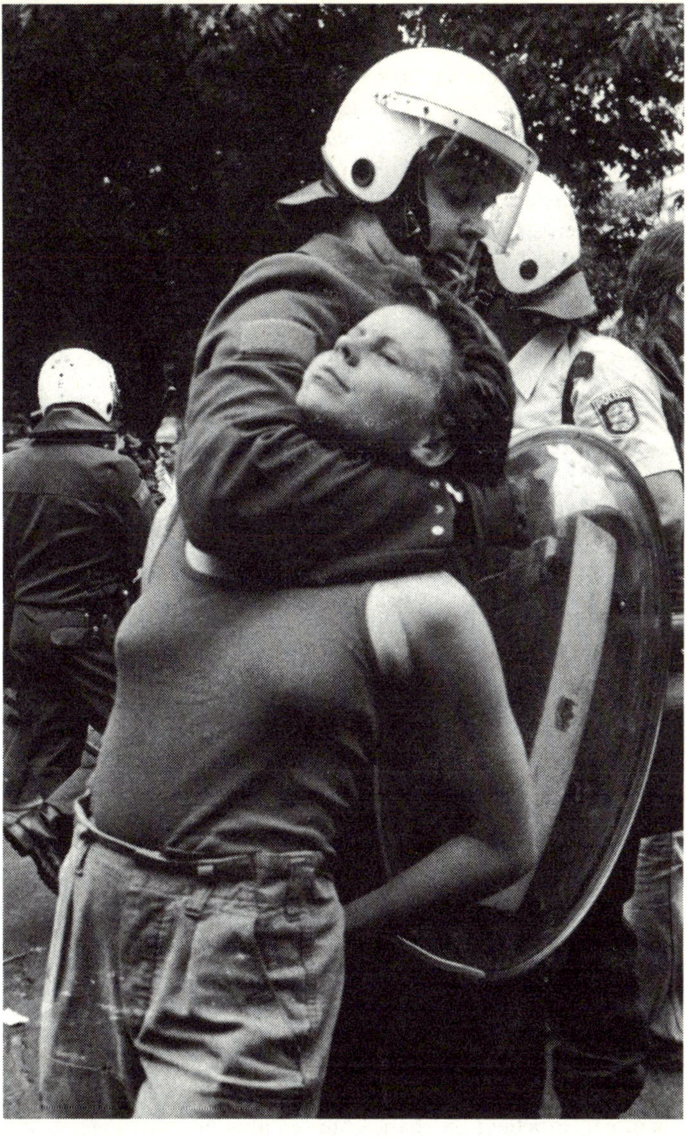

Hoffnung auf den parlamentarischen Staat? *Foto: Rieth*

daß, was der Staat per Grundgesetz und Berliner Verfassung schützen soll, die Familie, selbst ein zu Schützendes enthalte! Staatlicherseits wird nämlich eine »Ordnung der Familie« nach innen vorausgesetzt, Gewaltverhältnisse eingeschlossen. Den Staat anzurufen, um Frauen und Mädchen vor Männern und Vätern zu schützen, das fordert nicht nur, sondern provoziert zugleich die staatliche Ordnung.

Daß die Frauen aber, die diese Forderung stellen, so widerspruchslos verzichten auf Autonomie von Frauen, das macht skeptisch: sehen sie sich nicht unter den derart zu Schützenden? Haben sie Frauen und Mädchen, die geschlagen und vergewaltigt wurden, gefragt, ob und wie sie diesen Staatsschutz wollen? Und wenn ja, werden dadurch nicht alle Frauen staatlichen Normen und Regeln (neu) ausgeliefert?

Andererseits ist der Gegenstandpunkt nicht gerade sozialistisch. Auf seiner Seite taucht nun das autonome Individuum auf, die Freiheit des Einzelnen *gegen* den Staat. Aber der Staat ist den Unternehmern ja auch dazwischengegangen, als sie die Normalarbeitszeit ruinös für die arbeitenden Klassen ausdehnten. Und die Grün-Alternativen fordern für Umweltschutz auch mehr Staat. Also ist es schon wieder ziemlich spannend, *wann* in der AL die Freiheit *»des«* Einzelnen hochgehalten wird.

Staunen will ich aber auch darüber, daß aus der autonomen Frauenbewegung der Ruf nach einem (die Männer) strafenden und (die Frauen) schützenden Staat kommt. Natürlich ist das realistisch — Frauen können Gewalt und Vergewaltigung »alleine« nicht hindern. Wenn dieser Staat aber für uns arbeiten soll — und nicht nur wir für ihn —, dann müssen wir ihn auch verändern — und nicht nur er uns. Der Antiparlamentarismus in der Frauenbewegung ist vielleicht, neben widerständiger Verweigerung und ohnmächtiger Anpassung, auch eine Art Schutz vor den Widersprüchen in unserer Bewegung und unseren Zielen (hier: Autonomie und Staatsschutz).

Sozialistische Feministinnen könnten mit diesen Widersprüchen Politik machen. Als AL-Frauen müßten sie die harmonistische Haltung, abwechselnd ihrer Gesamtpartei und den Frauenprojekten zu dienen, aufgeben. Sie würden sich vielleicht oft unbeliebt machen, könnten aber ein unruhiges Leben gewinnen, sich politisch sichtbar und hörbar machen.

Wir sind vielleicht die Bewegung mit den meisten Kongressen und Fach-, Sach- und problembezogenen Vernetzungen, und die einzige große soziale Bewegung, auf die sich alle Parteien beziehen, ohne daß sie selbst »Partei« ist.

Die eigenen Politikformen zu (er)finden, scheint mir eine, vielleicht *die* Entwicklungsfrage der Frauenbewegung zu sein.

Literatur

Michèle Barrett u. Mary McIntosh: The Anti-social Family. London, Verso 1982.
Michèle Barrett: Die unsoziale Familie. In: Das Argument 136 (Volks-uni-Vortrag 1982).
Rita Hermanns: Die Hälfte des Himmels? Über alternative Frauen, Frauen und die Alternative Liste, Frauen in der Alternativen Liste. In: Die Alternative Liste Berlin. Berlin, LitPol 1984.
Stachelige Argumente 29, November 1984.
Wahlprogramm der Alternativen Liste 1985.

»Ist es zu früh — ist es zu spät ...«
(Auszug aus dem Brief von Hannelore May an AL-Frauen vom 7.11.1984, nach dem Scheitern der Frauenfraktion)

Mir ist die Idee einer Frauenfraktion, wie ich sie bei den Kontrahentinnen vom 2.11. herausgehört habe, zu dürftig. Ich verstand, Ihr wollt beweisen, daß Frauen die Gesamt-AL vertreten können, wie sie ist. »Frauen können das auch«. (GA-Modell!?) Ich finde das zwar auch ein nützliches Ziel, weil viele bezweifeln, daß Frauen »das auch« können und Ihr auf diese Weise dazu beitragt, daß Frauen in allen Positionen und Tätigkeiten mit 52 Prozent vertreten sind. Auf eine andere, hoffnungsvolle Weise, bezweifele ich das allerdings auch: Ohne allgegenwärtige Politik gegen Frauenunterdrückung und für Frauenbefreiung halte ich das Ziel nicht für erreichbar. Frauen sind ja nicht zufällig auf den unteren Plätzen in unserer Gesellschaft und umgekehrt sind nicht zufällig da die »unteren Plätze«, wo Frauen sind. Meine Hoffnung ist, daß Frauen, wenn sie »alle Plätze« besetzen wollen, die gesellschaftliche Plätze-Verteilung, das Oben und Unten, die Hierarchien, verändern müssen.

Deshalb gehe ich nicht in die AL, sondern arbeite weiter im Weiberrat an einer autonomen Frauenpolitik gegenüber Staat und Parlament. Vielleicht sind unsere Gegensätze nützlich füreinander.

Weiberreichstag

Ein Fastnachtspiel aus dem 16. Jahrhundert (Auszug)

»Ihr wisset ohne Zweifel all,
Die Ihr seid in diesem Saal,
Warum wir hier zusammenkommen.
Die Männer täglich Reichstag halten
Tun ihre Sach' behandeln und verwalten.
Wir verrichten das Baurngeschäft und spinnen,
Lassen aber unsere Sach' zerrinnen.
Verspottet sind wir und verlacht,
Mancher sein Weib für kein Menschen acht'.
Drum verlangen wir als unser Recht
Auch Reichstäge für unser Geschlecht.«

Der Narr:
»Wolltet Ihr Weiber tagen,
Würdet Ihr Euch nur über die Männer beklagen.
Der eine zankt, der andere spielt.
Der dritte flucht, der vierte ist wild.
Was hättet Ihr denn sonst zu sagen
In Gemeindesitzungen und auf Reichstagen?«

Frau Elisabeth:
»Wir wollen nur beratschlagen,
Wie es uns besser könnte behagen.
Keine Stadt, kein Dörflein ist so klein,
Es hat jedes eine Gemeind'.
Ja, selbst die Ameisen auf der Weid'
Versammeln sich wie andere Leut'.
Nur wir kommen nicht zusammen.
Sitzen zu Haus schier gefangen.
Kommen wir dem nit zufür,
So steht das Unglück vor der Tür.«

(aus: »Die Frauenbewegung« 1896)

Die Herausgeberinnen

Regina Michalik, Bonn
Psychologin von Beruf, Feministin aus Leidenschaft. Da sich mit beidem kein Brot verdienen ließ, jobbte sie bei den GRÜNEN im Bundestag — und stürzte sich in die Grüne Politik, zunächst als Angestellte der Fraktion (2 Jahre), dann als grünes Mitglied, seit Dezember 1984 im Bundesvorstand. Den Broterwerb hat sie dort inzwischen aufgegeben, die Idee einer starken Frauenpolitik bei den GRÜNEN noch nicht.

Elke A. Richardsen, Berlin
ist seit 15 Jahren frauenbewegt, davon vier Jahre lang sehr aktiv in der AL Berlin und in Frauenzusammenhängen bei den GRÜNEN. Ihre Schwerpunkte sind »Gewalt gegen Frauen« und »Frauenbeteiligung in der Politik«. Sie war dreizehn Monate Assistentin für AL-Frauenpolitik sowie ein Jahr Delegierte der AL im Bundeshauptausschuß der GRÜNEN. Jetzt ist sie aus Erfahrung klug und wieder *autonome* Feministin.

Die Autorinnen

Sabine Fischer
23 Jahre. Im zarten Alter von 15 Jahren erstmals mit feministischen Umtrieben konfrontiert. 2½ Jahre Aktivistin im AL-Frauenbereich, in dem Bemühen, autonome Frauenbewegung mit Parteipolitik zu verbinden. Seit Juli 1985 Mitglied des Geschäftsführenden Vorstands der AL Berlin.

Adrienne Goehler
30jährig, Gründungsmit-ohne-glied der Gruppe »Herzensbildung« der GRÜNEN Hamburg und der »Frechen Frauen«. Schreibt gerade an einer psychologischen Arbeit über die Produktivkraft Phantasie.

Kirsten Heinsohn
22 Jahre, Studentin. Mitglied der Landesfrauen-AG Schleswig-Holstein, des Kreisverbandes der GRÜNEN in Pinneberg und des (selbstorganisierten) Frauentreffs in Wedel.

Hannelore May
Weiberrat, seit 1969 im Sozialistischen Frauenbund, Redakteurin der Frauenredaktion der Zeischrift »Das Argument«. Lebt in einer Frauen-WG, arbeit für Geld in einem Projekt mit widerständigen Arbeiterjugendlichen in Kreuzberg und kandidiert für die AL als Stadträtin für Wirtschaft und Finanzen in Charlottenburg.

Brigitte Stumm
geb. 1951. Wohnt in Marburg und arbeitet dort in der Grünen Frauengruppe mit; seit Dezember 1984 im hessischen Landesvorstand der GRÜNEN.

Tamara Tschikowani
Mitglied der Landesfrauen-AG Schleswig-Holstein, des Kreisverbandes der GRÜNEN in Flensburg und des schleswig-holsteinischen Landesvorstands.

Ilona Vollmar-Maek
Im September 1945 in Berlin geboren, in Bochum Germanistik-und Philosophiestudium. Hat ein Kind und ist geschieden. Zur Zeit Lehrerin, seit 1984 für DIE GRÜNEN im Düsseldorfer Stadtrat.

Rita Werkmeister
35 Jahre, Krankenschwester, jetzt Studentin. Im Dezember 1984 in den hessischen Landesvorstand der GRÜNEN gewählt, obwohl/weil (?) sie Frauenpolitik machen will.

Renate Wußing
geb. 1937, verheiratet, drei erwachsene Kinder, Lehrerin, Interessenschwerpunkte: Feministische Theologie, Frauengeschichte und -politik. Wichtig ist die Erinnerung an die Botschaft der Kommunardin Louise Michel (geboren 1830) an die Frauen ihrer und unserer Zeit: »Warum für die Herren pflügen, die euch unterdrücken?«

Inhalt